ビギナーズ 日本の思想

新版 南洲翁遺訓

西郷隆盛

猪飼隆明＝訳・解説

角川文庫
20454

新版　南洲翁遺訓　目次

追加

解題

はしがき

西郷隆盛《さいごうたかもり》と聞けば、多くの人は、東京は上野《うえの》公園に立つ愛犬を連れた狩り姿の銅像を思い浮かべるに違いない。あるいは、キヨソネが描いた端整な顔をまた、想う人もいるだろう。

西郷自身は、写真嫌いでその姿を写した記録写真は残されていないが、歴史上の人物のなかで西郷隆盛ほど、名前に接して、その姿をそれなりの鮮やかさをもって思い浮かべることのできる人物はないのではないか。

さて、西郷隆盛は、一八二七（文政一〇）年、鹿児島城下の下加治屋《かじや》町に、御小《こ》姓与《しょうぐみ》という、薩摩《さつま》藩の城下士のなかではほとんど最下層に属する下級藩士の家に生まれた。

一八四四（弘化元）年、一八歳にして初めて与えられた役職は郡方書役助《こおりかたかきやくたすく》（農政担当役人の見習い）であった。このとき西郷が配下となった郡奉行迫田太次右衛門《さこだたじうえもん》は、たとえ凶作でも年貢の加減はするなとの藩の指示に憤って辞職をするほどの剛の者であった。この迫田を含む郡奉行のもとの九年間に、西郷は、農政だけでなく民を愛することを学んだ。

この間、藩政は、藩主の相続をめぐる醜い争いで揺れた。藩主斉興《なりおき》の跡目をめぐって、世子斉彬《なりあきら》と斉興の側妾《そくしょう》由羅《ゆら》の子久光《ひさみつ》のそれぞれを推す者の間の争い（お由羅騒動）であった。

この騒動のなかで、斉彬派の言動が追及を受け、六名の者に自刃《じじん》の命が下り、うち船奉行高崎温恭《たかさきあつやす》ら三名については、死屍《しし》を掘り起こして磔《はりつけ》の刑が加えられた。ほかに三四〇名余が処罰されたが、そのなかに遠島に処せられた大久保《おおくぼ》利通《としみち》の父利世《としよ》がおり、また西郷の父吉兵衛《きちべえ》が用達《ようたし》を勤める日置島津《ひおきしまづ》家の赤山靭負《あかやまゆきえ》は切腹を命じられた。西郷は赤山の血染めの肌着をもらい受け、奮然としてその精神を受け継ぐ決意をしたという。

西郷は、青年時代にこのような経験をした。いっぽう、この激動の予感のする中、大久保や友人らと朱子学の祖朱熹《しゅき》とその友人、呂祖謙《りょそけん》が編んだ『近思録』を読んで、朱子学の原点を振り返り、また藩儒伊藤茂右衛門《いとうもえもん》に師事して陽明学を学び、また無《む》参《さん》禅師について禅を学んだ。

一八五一（嘉永四）年二月、斉彬は襲封して、五月に鹿児島に下国した。斉彬は、藩主として洋式軍艦昇平丸《しょうへいまる》の建造、反射炉・溶鉱炉の建設、ガラスやガス灯・電信機など西洋の技術の導入を積極的に進めて、殖産興業にめざましい足跡を残すのであるが、一八五三（嘉永六）年六月にアメリカの東インド艦隊司令長官ペリーの来航以来、激動する日本にあって、斉彬もその激動に積極的にかかわろうとした。

このとき、斉彬は若い藩士層から人材を積極的に登用して、彼らに活動の舞台を用意したのである。

一八五四（嘉永七）年、参勤交代で江戸に入った斉彬は、福井藩主松平慶永《まつだいらよしなが》（春嶽《しゅんがく》）や水戸《みと》藩主徳川斉昭《とくがわなりあき》・宇和島《うわじま》藩主伊達宗城《だてむねなり》らと精力的に交流して、この難局にいかに処すべきか意見を交換した。

ここで、斉彬は、自らの意を体して幕府や諸大名間を周旋しうる庭方役という役回りに、斉彬の参府に同行してきていた西郷を選んだのである。

庭方役は、斉彬に寄り添って非公式な密事を取り扱うという秘書的な役回りをするものであるが、以後、西郷は、第一三代将軍家定《いえさだ》の継嗣問題を含め、斉彬の命を受けて東奔西走する。

一八五八（安政五）年四月に井伊直弼《いいなおすけ》が大老に就任して、将軍継嗣問題での斉彬ら一橋《ひとつばし》派（慶喜《よしのぶ》を擁立している）の計画は頓挫《とんざ》した。西郷は、そのことを斉彬に書き送ったあと、六月には春嶽の書を携えて鹿児島に帰るが、腰を据える暇もなく、今度は春嶽と川路聖謨《かわじとしあきら》への斉彬の書翰《しょかん》を携えて江戸に向かう。その途中、京都で斉彬の急死（七月一六日）を知るのである。

西郷にとっては、まさに青天の霹靂《へきれき》であり、生きがいを喪失させる大事件であった。西郷の活動の舞台は斉彬によってつくられたのであり、西郷の存在は斉彬あってのものであった。だから、西郷は殉死を決意するのであるが、それを思い止《とど》まらせたのは清水寺《きよみず》成就《じょうじゅ》院住職月照《げっしょう》であった。西郷は、国事に奔走することで斉彬の恩に報いようと決意するのである。この斉彬の恩に報いるという思いが、西郷の生涯を規定することになる。

時代は、西郷たちには厳しくなる一方であった。大老井伊直弼は、一橋派や尊王攘夷《じょうい》派を容赦なく弾圧しはじめた。ともに行動した福井藩の橋本左内《はしもとさない》は、その犠牲者となった。月照にも魔の手が及びはじめた。

西郷は、月照を連れて鹿児島に帰郷するが、幼い新藩主忠義《ただよし》に代わって実権を握る久光は、彼らを匿《かくま》うことを拒否し、日向《ひゅうが》に向かわせる途中、西郷は月照とともに冬の錦江湾《きんこう》に飛び込んだのである。同船していた平野国臣《ひらのくにおみ》らが驚き、急ぎ助け上げたが、月照はすでにこときれており、西郷のみ蘇生《そせい》したのである。西郷は、二度死にそこなった。藩当局は、西郷は月照とともに死んだのだと幕府に届け出て、西郷は奄美《あまみ》大島《おおしま》に潜居させることにした。

西郷は、一八五九（安政六）年から一八六二（文久二）年までのおよそ三年間をここで過ごしたが、京都に政局の中心が移って、薩摩藩がその政局の中で存在意義を示すために必要な人物として、大久保の粘り強い説得もあり、久光によって引き戻されたのである。

しかし、意のとおりにならず、今度は徳之島《とくのしま》ついで沖永良部島《おきのえらぶじま》へと島流しに処せられた。この沖永良部島では牢《ろう》囲いに押し込められ、風雨にさらされて衰弱、間切《まきり》横目《よこめ》土持政照《つちもちまさてる》のはからいで座敷牢に移され、ようやく命を長らえるのである。

その後再び赦免されて、弟西郷従道《つぐみち》らの乗る迎えの船で、一八六四（元治元）年二月末鹿児島に着いた西郷は、長い牢生活で足が立たなかったという。この年はじめに、久光は従四位下《じゅしいのげ》・左近衛権少将《さこのえごんしょうしょう》の官位を与えられて朝議参与に任じられていたが、「薩賊会奸《さつぞくかいかん》」と薩摩を批判する声は日増しに高くなっていた。西郷の力が再び必要とされたのである。

その期待どおりに、西郷は、公議政体派の戦略家として、蛤御門《はまぐりごもん》の変で手腕を発揮し、ついで第一次長州《ちょうしゅう》征討とその後始末で存在感を示す。その後、武力討幕派として明治維新の大変革を主導した彼は、大久保利通や坂本龍馬《さかもとりょうま》・木戸孝允《きどたかよし》（桂小五郎《ごろう》）らとともに政局を動かし、とくに戦略家として働いたのである。

一八六七（慶応三）年一二月九日の王政復古クーデターでは、薩摩藩兵だけでなく雄藩兵をも指揮し、鳥羽《とば》・伏見《ふしみ》、ついで戊辰《ぼしん》戦争でも、西郷の存在は何者にも代えがたいものであった。江戸城の無血開城に立ち会ったことは周知の事実である。その後の東北戦争での庄内《しょうない》藩に対する大総督府参謀西郷の態度が、本来敵対する西郷に対しての庄内の人たちの認識を変えた。庄内侯の公子酒井《さかい》忠篤《ただずみ》はじめ旧藩士は、鹿児島に西郷を訪ねてその言動と人となりに接した。その聞くところを一書にまとめたのが、この遺訓である。

西郷は、その後、新政府のなかにあって、幼いころから苦労をともにしてきた大久保利通と征韓論争で対立、このときも西郷は死を覚悟したが、果たさず、一八七七（明治一〇）年、西南戦争でようやく自ら死を迎える。

坂本龍馬は、勝海舟《かつかいしゅう》の命を受けてはじめて西郷隆盛に会ったときの印象を次のように語ったという。

「つかみどころのない馬鹿のようにみえる。しかも底の知れぬ大馬鹿で、鐘にたとえると、大きく打てば大きく響き、小さく打てば小さく響く。惜しむらくはこれをつく撞木が小さかった」と。勝海舟は、それを聞いて、「評される人も評される人、評する人も評する人」と、感心した。

互いに、互いの真価を見抜くことのできる、そのような人物を輩出しえた幕末・維新という時代に、全身全霊を捧《ささ》げて生き、そして死んだ西郷隆盛の言葉は、彼の生き様そのもの、いや、死に様そのものであるといったほうがよいのかもしれない。

ただ、非業の（そのように見える）最期を迎えた英雄について、人は、そこに自らの思いを仮託して論じることが多い。伝説的になればなるほどその傾向は強い。

龍馬の言うように、「大きく打てば大きく響き、小さく打てば小さく響く」、西郷の遺訓に何を読みとることができるかは、われわれ西郷を読むものの主体にかかっているといえる。

ともあれ、西郷の生き様・死に様に向き合いつつ、遺訓を読み直してみよう。教訓も問題もあわせて、現代のわれわれにとってずっしりくるものがあるに違いないのである。

猪飼　隆明

平成二九年六月

遺訓

一　徳懋《さか》んなるは官を懋んにし、功懋んなるは賞を懋んにする

原文

一　廟堂《びょうどう》に立ちて大政《たいせい》を為すは天道を行ふものなれば、些《ちっ》とも私を挟《はさ》みては済まぬもの也。いかにも心を公平に操《と》り、正道を蹈《ふ》み、広く賢人を選挙し、能《よ》く其の職に任《た》ふる人を挙げて政柄《せいへい》を執らしむるは、即《すなわ》ち天意也。夫《そ》れ故《ゆえ》真に賢人と認る以上は、直に我が職を譲る程ならでは叶《かな》はぬものぞ。故に何程国家に勲労有るとも、其の職に任へぬ人を官職を以て賞するは善《よ》からぬことの第一也。官は其の人を選びて之れを授け、功有る者には俸禄《ほうろく》を以て賞し、之れを愛《めで》し置くものぞと申さるるに付き、然《しか》らば『尚書《しょうしょ》』（『書経《しょきょう》』）仲虺《ちゅうき》之誥《こう》に「徳懋《さか》んなるは官を懋んにし、功懋んなるは賞を懋んにする」と之れ有り、徳と官と相ひ配し、功と賞と相ひ対するは此の義にて候《そうら》ひしやと請問《せいもん》せしに、翁欣然《きんぜん》として、其の通りぞと申されき。

訳文

一 天皇の政府の役人になり、政治を行うということは、天から与えられた道理を実現することであるから、少しも私自身や出身藩や出自の利害にこだわってはならない。

どんなことがあっても、心を公平にして天の道理を実践し、日本全体から賢人を選び、その職にふさわしい人物に政権を担当させる、というのが天の意志である。だからこれこそ賢人だと思われる人物のいることがわかったなら、すぐにでもその人に職を譲ることができなければいけない。維新の変革にどれだけ功労があっても、その褒賞として、本来ならその職を任せられない官職につかせるのは、最もよくないことである。

官は、その職にふさわしい（任に堪えうる）人物を選んでその職に就け、功労があるものには、職ではなく、俸禄《ほうろく》を与えて賞し、これを褒めておけばいいのだと、南洲翁《なんしゅうおう》が言われるので、『尚書《しょうしょ》』（『書経《しょきょう》』）の「仲虺《ちゅうき》之誥《こう》」にも「徳に励んでいるものは官につけて励むようにさせ、仕事に励んでいるものには賞を与えて励むようにさせるがいい」とあって、徳と官、功と賞とが対応しているといっているのは、このことかと問うたところ、翁は、顔をほころばせて、その通りだと言われた。

❖解　説

政府の重要な地位や役職にあるものは、私心を棄てなければいけないといっている。「廟堂《びょうどう》」は「大政」が行われるところで、この「大政」というのは、「大政奉還」の「大政」と同じで、天皇の行う政治という意味である。だから、廟堂は朝廷のことで、維新以降についていえば、政府といってしまって差し支えなかろう。

その大政とは、天道を行うものだという。あとでくわしく述べるつもりであるが、天が指し示す道理というのは、人為によって左右されるものではないというのが、この天や道についての基本なのである。

だから「私」を差し挟んではいけないというのだが、ここにいう「私」とは何か。

ここには四条中（二六頁）にあるように、立派な家に住み、衣服を着飾り、あるいは美妾《びしょう》を抱えたり、金を蓄えるといった、個人的な欲望を指しているともいえるが、この時期に政府に召し抱えられた役人においての最大の問題は、その出身の藩や出自の利益ばかりを考えるものが多くあったことである。これを含めて「私」と表現しているとみるべきである。

このころ大久保利通《おおくぼとしみち》は、「区々たる小節にこだわらず」とよく口に出していたが、同じ意味と理解してよいだろう。この「私」にこだわらず公平に道を歩むことのできる聖人こそ、要路に立つべきなのだという。

「賢人を選挙し」とある。一八六九（明治二）年五月一三日に、日本史上初めて、官吏公選が行われたことがある。だから、いわゆる投票行為を伴う選挙を西郷が意識したかどうか、恐らくそうではなく、人選といった意味で使われたのだろうと思う。

維新の過程で、功績があったからといって、相応《ふさわ》しくない職を与えるなどということはあってはならないと強調する。西郷が、具体的に誰を頭に置いて、このように言っているのであろうか。この言葉が、明治三年ころのものであるなら、公卿《くぎょう》にはそのように批判されても仕方がないものが幾人もいる。

もし、明治七年のころの発言であれば、あるいは大隈重信《おおくましげのぶ》などへの批判を内蔵していた可能性はあろう。ともかく、職にあわせて人が選任されなければならない、過去の功績を表彰するのは役職ではなくそれに見合った方法があろうというのである。

二　一格の国体定制無ければ、成功有るべからず

原文

二　賢人百官を総《す》べ、政権一途に帰し、一格の国体定制無ければ縦令《たとい》人材を登用し、言路を開き、衆説を容《い》るるとも、取捨方向無く、事業雑駁《ざつぱく》にして成功有るべからず。昨日出でし命令の、今日忽《たちま》ち引き易《か》ふると云ふ様なるも、皆統轄する所一ならずして、施政の方針一定せざるの致す所也。

訳文

二　賢人がすべての役人を統轄して、政権を（天皇に）集中して、国の本体を揺るぎなく確定しないならば、たとえ人材を登用して自由に進言できるようにして、集団で討議を行ったところで、どの進言を取捨するか、政府の方針はふらつき確定せず、行うことは雑でまとまりがなくなってしまう。

それは昨日出した命令を翌朝には変更するというようなもので、政府の中心が定まらず、施政の方針は一定しなくなるものである。

❖解説

ここでは、賢人が大政を行わなければならないのだが、何よりも政権を集中させ、どのような国にするのかについての基本方針を確定しなければならないというのである。

「国体」というのは、天皇を中心にした国家という意味では、後の天皇制を意味する「国体」（万世一系、天皇大権、無答責——政治的責任は負わない——の三つの要素からなる）につながる言葉ではあるが、それほど明確ではない。

どちらかといえば天皇を中心にした日本の国柄といった意味に近いものとみてよいだろう。つづく「定制」が定まった制度を意味しているから、あわせて日本の国柄とそれに見合った制度という意味になろう。

そういう確たる方針を作っておかなければ、賢人を選んでも、政府の行う事業は失敗するだろう、朝令暮改という言葉があるが、そのようになってしまうだろうというのである。

「国体」という言葉は、八条（四一頁）でも使われている。外国の制度文物を無闇に模倣すると「国体」は衰退してしまうぞといっているが、これも同じで、また「定制」は一四条（六三頁）では、国の会計出納《すいとう》は、「定制」を超えて執行してはいけないといっている。ともかく、どのような国にするのか、そこを明確にしないなら、安定した政治は行えない。

三　政の大体は、文を興し、武を振ひ、農を励ますの三つに在り

原文

三　政の大体は、文を興し、武を振ひ、農を励ますの三つに在り。其の他百般の事務は皆此の三つの物を助《たすく》るの具也。此の三つの物の中に於《おい》て、時に従ひ勢に因《よ》り、施行先後の順序は有れど、此の三つの物を後にして他を先にするは更に無し。

訳文

三　政治の大要は、教育文化を盛んにすること、軍備を充実させること、および勧農の三つである。そのほかの政治上のことは、すべてこの三つの課題を実現することとかかわっている。この三つのなかで、何を優先して行うかなどの順序は、時勢によるが、この三つの課題をあと回しにして、ほかのことを先にするとはあり得ないことだ。

❖解説

教育文化の振興、軍備の充実（強兵）に加えて、勧農の三つの課題を実現することが政治の基本だというのである。この時期、盛んに「富国強兵」が叫ばれたが、西郷の場合、強兵はともかく、富国について、農本主義的傾向が強いのが特徴だといえる。

明治三年一二月に、薩摩《さつま》藩士の坂元純熙《さかもとすみひろ》が各藩の状況を視察に出向くに際して、求めに応じて応《こた》えた書に、いま富国強兵を論じない藩はないが、国を富ますといえば、利を起こすことのみに目を奪われている、「商法」（交易・商売）にばかり心をもちいて、結局国の経済を失い、救いがたい弊害を生んでいるところが多い、と述べている。

たいていは、資本主義化を考え、積極的に欧米との交易を通じて、器械やあるいは原料をも輸入して、資本主義的生産を育成しようとしたのであるが、西郷には、農業・農政には特別の思いがあった。

西郷は一八歳で初めて仕事に就いたが、それは郡方書役助《こおりかたかきやくたすく》という郡役所の仕事で、農政と徴税を主なる仕事とした部署であった。彼が最初に仕えた郡奉行は迫田太次右衛門《さこだたじうえもん》といって、苛斂誅求《かれんちゅうきゅう》をこととする藩の方針に抗議して奉行職を辞したという気骨ある人物であった。

この最初のかかわりが西郷の農政についての考えに強く影響を与えたと考えられるが、一八五六（安政三）年、西郷三〇歳のときに藩主島津斉彬《しまづなりあきら》に提出した「農政に関する上書」で、薩摩藩の農政の乱れによって百姓の他藩への逃散が続出していること、蔵方役人の不正・腐敗あるいは詐略のために百姓が苦しめられていることなどを指摘している。

そして、廃藩置県直後の一八七一（明治四）年九月、「勧農建言書」を伊地知正治《いじちまさはる》の名で政府に提出している。

西郷はそのなかで、まず農政は神代以来、征戦とともに天皇の親政であったにもかかわらず、鎌倉期以降その美政が廃れ、農村の支配人は代官・勘定奉行の最下に列せられてしまった。今や王政復古によって神武創業の本道に復されたのだから、農政振興が国の重要政策であることを、天皇の宸翰《しんかん》（天皇の名による書翰《しょかん》）によって布告してほしいと訴えている。

そして、これまでの勧農の事績や農書を収集すべきだという一方、西洋の農業技術や農業機械なども積極的に導入すべきだ、そうしてできた能力で荒蕪地《こうぶち》を開き、農道や水路・堤防などを整備し、荒田の再開墾・原野の開墾などは免税期間をそれぞれ一〇年・三〇年にすべきだなどとの提案もしている。さらに、勧農担当の役人も充実すべきだとしているのである。

これらは主なものだけで、ほかにも種々の提案をしていて、西郷がいかに農政を重要視しているかがわかるのである。

この「勧農建言書」には、農政と教育との関係についての指摘もみられる。すなわち次のように言う。「教育行政が正しく行われて、忠孝信義の善行が行きわたり、正しい民風が作興されて初めて力のこもった農政が展開できる」。

だから府県知事は善行者を表彰するようにしたほうがよい、あるいは、教育の趣旨が正しくなければ人心は乱れ、万事が崩壊する。出納《すいとう》が厳格でなければ財用は不足する。財用不足すれば重税になる。租税が重ければ勧農は行われず、食糧は不足して、天下は乱れる、と。

四　下民其の勤労を気の毒に思ふ様ならでは、政令は行はれ難し

原文

四　万民の上に位する者、己れを慎み、品行を正くし驕奢《きょうしゃ》を戒め、節倹を勉め、職事に勤労して人民の標準となり、下民其の勤労を気の毒に思ふ様ならでは、政令は行はれ難し。然《しか》るに草創《そうそう》の始《はじめ》に立ちながら、家屋を飾り、衣服を文《かざ》り、美妾《びしょう》を抱へ、蓄財を謀りなば、維新の功業は遂げられ間敷《まじき》也。今となりては、戊辰《ぼしん》の義戦も偏《ひと》へに私を営みたる姿に成り行き、天下に対し戦死者に対して面目無きぞとて、頻《しき》りに涙を催《もよお》されける。

訳文

四　万民（国民）の上に立つ政治家（役人）は、己を慎み、品行を正しくし、驕《おご》り高ぶることを戒め、無駄遣いをしないように気を遣い、自らの職務に精励して国民の手本となり、国民の勤労をご苦労と思うことがなければ、政治は行われにくい。

現在のように維新創業の大事なときなのに、住まいを飾ったり、衣服を華美にしたり、妻以外にも美しい女性を抱え、また、金を蓄えることを考えているなら、維新の事業は最後までやりおおせないだろう。

このままでは、戊辰《ぼしん》の正義の戦争（鳥羽《とば》・伏見《ふしみ》の戦いに始まる戊辰戦争）も、薩摩や長州の利益実現のための私戦とされてしまい、天に対してはいうまでもなく、戦死者に対しても、面目ないことであると、南洲翁は今にも涙を流さんばかりであった。

❖解説

政府の役人は、人民の標準として、どのように身を慎まなければならないかについて述べている。役人が、維新の事業が始まったばかりの大事なときに、豪邸に住み、着飾ったりし、あるいは妻以外に女性を抱えるなどということはとんでもないことだということは、一条で触れたが、庄内藩から犬塚盛巍《いぬづかもりたか》らがやってくる直前の明治三年七月二七日に、薩摩藩士の横山正太郎《よこやましょうたろう》（安武《やすたけ》）が集議院の前で時弊一〇条の建白を呈して割腹自殺を遂げるという事件があった。

森有礼《もりありのり》の実兄で、藩儒横山家に養子に入って横山を名乗っていた正太郎は、京都の同郷人折田要蔵《おりたようぞう》のもとで陽明学を学んでいたが、六月東京に出て諫死《かんし》という挙に及んだのである。

横山は、建白書を「竹の笹付け」にした。竹の枝葉を削《そ》ぎ落とし、その先端を割って笹に見立てて書を挟むのは、駕籠訴《かごそ》などの直訴に用いられた形式であるから、横山は天皇への直訴を試みたのだろうと思われる。その横山が、時弊の第一に挙げたのは、「輔相《ほしよう》の大臣」というから、三条実美《さんじょうさねとみ》と岩倉具視《いわくらともみ》のことだと思われるが、彼らをして「侈靡驕奢《しびきようしや》、上は朝廷を暗誘《あんゆう》し、下は飢餓を察せざる」と批判している。

つまり、驕り高ぶって贅沢《ぜいたく》な生活をしている。そして、朝廷・天皇を、それと知られないように自分たちの都合がいいように誘い込み、人民が飢餓に瀕《ひん》していてもそんな実情にはかまいもしないというのである。

つぎに、大臣だけではなく「大小官員」も外見ばかりを飾って、自分の名声や利益ばかりを考えている、と批判する。この横山の死に、西郷はいたく心を動かされ、二年後の一八七二（明治五）年八月、横山安武碑文を書いている。そのなかで西郷は、「朝廷の百官、遊蕩驕奢にして事を誤るもの多く、時論囂々《ごうごう》、安武乃《すなわ》ち慨然として自ら奮って謂《いわ》く、王家衰頽《すいたい》の機、こゝに兆す矣、臣子たるもの千思万慮以てこれを救わざるべからず、……一死以てこれを諫むるに如《し》かず」と、安武の挙に同感の意を示している。

先にも述べたことではあるが、鳥羽・伏見の戦いに始まる戊辰戦争において、西郷が気にかけていたことは、その戦争が、幕府（慶喜《よしのぶ》）に対する薩摩藩の私怨《しえん》に基づくものだとの世評を糺《ただ》すことであった。それには、戦争の大義名分が明確に示されなければならない。

そして、慶喜を「朝敵」と明確に位置付け、公言することで、一応の始末は付けたのであるが、それだけでは済まない。戦略家の西郷は、征討総督府にとっては不可欠の人物ではあったが、西郷が参謀として征討軍を指揮すれば、薩摩が私怨に基づく戦争を征討の名を借りてしようとしているとの批判は免れない。

だから、西郷は、参謀を固辞して薩摩藩兵の指揮だけをしようとしたのである。

西郷の思いは、結局は果たされなかったが。

また、私戦ということでは、現実に、征討軍とともに行動した公家《くげ》が、我が世の春が来たとでも思ったのか、行く先々で公家の地位を利用して女を侍《はべ》らせて酒宴を催し、払いを踏み倒すなどといったことがたびたびあって、顰蹙《ひんしゅく》を買っていたのである。これでは、戦死者に対して申し訳ないと思うのは当たり前のことであった。

五　若《も》し此の言に違ひなば、西郷は言行反したるとて見限られよ

原文

五　或る時「幾歴辛酸志始堅。丈夫玉砕愧甎全《はずせんぜん》。一家遺事人知否。不為児孫買美田。」との七絶を示されて、若《も》し此の言に違ひなば、西郷は言行反したるとて見限られよと申されける。

訳文

五　南洲翁は、あるとき、

「いくたびか苦しいことを経験してこそ、人の志は初めて堅くなるのだ。真の男は潔く玉となって砕けることを本懐とし、志を曲げてまでして生きながらえるのを恥じるものでなければならぬ。私の家の遺訓を人が知っているかどうかわからないが、それは子や孫のために美田を買うなどということはしないということだ」

と、自作の七言絶句を詠み聞かせて、「もし私がこの言に違うことをすれば、西郷は言行不一致だといって、見限ってよい」と言われた。

❖解説

この七言絶句は、一八七一（明治四）年に作られた漢詩である。西郷が、重い腰を上げて、鹿児島を発《た》って東京に着いたのはこの年二月二日のことであった。二週間ほどして再び鹿児島に戻り、四月二一日に、藩主忠義《ただよし》とともに常備兵四大隊を率いて東京に着いた。これが、長州・土佐《とさ》両藩とともに廃藩置県実現のための兵力・御親兵に編制されるのである。

そして六月二五日に参議の辞令を受け、正三位《しょうさんみ》に叙せられる。廃藩置県が断行されるのは七月一四日である。このめまぐるしい政治過程のどの時点で作詩が行われたのか、それはわからないが、過去を振り返る感慨と、政府役人にしばしばみられ、しかも自らそれを批判してきた悪風に絶対染まらないぞとの決意が、この詩には表れている。

振り返れば、西郷は二度も死にそこなっている。存在の原点を形成してくれた藩主斉彬《なりあきら》の急死は、西郷にとっては特別のものであった。殉死を覚悟した。それを思い止《とど》まらせたのは、清水の勤王僧月照《げっしょう》であった。

井伊《いい》大老（井伊直弼《なおすけ》）によるいわゆる一橋《ひとつばし》派（将軍継嗣問題で、一四代将軍に一橋慶喜《よしのぶ》の擁立をめざして活動していた）の橋本左内《はしもとさない》や梅田雲浜《うめだうんぴん》らが弾圧を受け、それが西郷自身や月照にまで及びそうになった。その保護を頼まれた西郷は、ともに薩摩に帰ったが、幕府のお咎《とが》めを恐れた島津久光《ひさみつ》は、月照を日向《ひゅうが》に追放することとし、西郷に連行を命じた。

薩摩藩のそれまでの慣例では、日向送りは「東目送《ひがしめおくり》」あるいは「永送《ながおくり》」といって国境で切り捨てることを意味していたという。

薩摩への帰路、福岡から同行していた平野国臣《ひらのくにおみ》もともに、一八五八（安政五）年の一二月一五日、西郷は錦江湾《きんこうわん》を漕《こ》ぎ出した。

そして、一六日未明、大崎ヶ鼻《おおさきがはな》沖まで進んだところで、西郷・月照は抱き合って冬の海に身を投げた。驚いた平野らが必死で救助したが、月照は生き返らず、西郷のみ蘇生《そせい》したのである。西郷にとっては、死んでいたはずが生かされたとの思いが、その後の人生にはつきまとったといえる。

その後の苦難もある。やがてこのことが藩庁に知られ、藩は幕府を恐れて、西郷は死んだものとし、名を菊池源吾《きくちげんご》と変えさせて、奄美大島に潜居させることになる。これが最初の島流しである。およそ三年の大島暮らしのあと、西郷に召還状が届いた。一八六一（文久元）年一一月のことである。大久保利通《おおくぼとしみち》らの久光への熱心な働きかけが功を奏したのである。

久光は率兵上京して、朝廷の勅使を擁して幕政改革を要求しようというのである。このためには雄藩や朝廷内部に働きかけが必要で、そのために西郷の力が必要だとの説得に久光が応じたのだった。

翌年二月に鹿児島に帰り着いた西郷は、久光の計画は無謀だと反対したが、大久保の説得を受けて久光に従うこととする。先発して肥筑《ひちく》の形勢を視察して、下関《しものせき》で待機せよとの命を受けて、三月一三日、村田新八《むらたしんぱち》とともに鹿児島を発った。予定どおり、二二日下関に着き、平野国臣や岡《おか》藩の小河一敏《おごうかずとし》らと会談して京摂の情勢を知るや、若い尊攘《そんじょう》激派の藩士らの軽挙を抑えんとして、久光を待たずに、その夜のうちに村田とともに下関を出帆、二七日大坂《おおさか》に着いた。

　これが久光の怒りを買った。そして、六月西郷は徳之島に、西郷と行動をともにした村田新八は喜界《きかい》島に流されることとなったが、西郷は徳之島に着いて間なしに沖永良部島《おきのえらぶじま》への遠島が命じられた。ここでは、まったくの流罪人として生活を送った。この沖永良部島の獄中で作った七言絶句に、次のようなものがある。

獄裡氷心甘苦辛
辛酸透骨看吾真
狂言妄語誰知得
仰不愧天況又人

獄裡の氷心苦辛に甘んじ
辛酸骨に透って吾が真を看《み》る
狂言妄語誰か知り得む
仰ぎて天に愧《は》じず、況《いわん》やまた人にをや

「氷心」というのは、氷のように冷たい心というのではなく、清らかな気持ちという意味だから、「獄中、清らかな心で、苦いも辛いも甘んじて受けいれ、つらさ苦しさが骨身にしみると、自分の本心が見えてくる。嘘偽りの言葉を誰が知りえようか。私は、仰いで天に恥じることはない、ましてや人に対しても」と。

　このように詠んでいるが、一八六三（文久三）年四月一二日付の桂右衛門《かつらうえもん》宛の手

紙に、

陳《のぶ》れば、徳之島より当島へ引き移り候処《そうろうところ》、直様牢中に召し入れられ、却《かえ》つて身の為には有難く、余念なく一筋に志操を研き候事にて、（中略）益々志は堅固に突き立て申す事にて、御一笑成し下さるべく候

と書き送っている。しかし、一八六四（元治元）年二月に許されて鹿児島に帰還したときは立つことすらできなかった。

このような辛酸をなめて、志や信念が強固になったのだと、顧みるのである。そして、その信念のなかに、役人として生きても、自分はいうまでもなく家族や子孫のために蓄財など絶対にしないぞ、という決意があるのである。

知行合一《ちこうごういつ》という陽明学の精神が基礎にあるといっていいと思うが（このことは後述する）、言行一致を貫くと宣言するのである。

六　君子小人の弁　酷に過ぐる時は却《かえっ》て害を引き起すもの也

原文

六　人材を採用するに、君子小人の弁酷に過ぐる時は却《かえっ》て害を引き起すもの也。其の故《ゆえ》は、開闢《かいびゃく》以来世上一般十に七八は小人なれば、能《よ》く小人の情を察し、其の長所を取り之れを小職に用ゐ、其の材芸を尽さしむる也。東湖《とうこ》先生申されしは「小人程才芸有りて用便なれば、用ゐざればならぬもの也。去りとて長官に居ゑ重職を授くれば、必ず邦家を覆すものゆゑ、決して上には立てられぬものぞ」と也。

訳文

六　人材を登用するとき、君子か小人かの区別、すなわち徳が篤《あつ》い人か徳が薄い人かの区別をあまりに厳格にして、徳の篤い君子をのみ採用しようとすれば、かえって害を引き起こすことになろう。

というのは、日本ができて以来、一〇人のうち七、八人までは徳の薄い小人であるから、よくこの小人の実情を理解して、その長所を生かして、それに見合った軽職に就かせ、その力を発揮させるのがよい。

藤田《ふじた》東湖《とうこ》先生も次のように言われている。「小人は小人で才能や技芸を持っていて役に立つものなのだ、だから彼らを用いなければならない。ただ、長官といった重職に据えると、国をひっくり返すことになるから、決して上に立ててはならぬ」と。

❖解説

人材登用と、その人に徳が備わっているかどうか、その関係についての話である。この「君子小人」については、『日本国語大辞典』の君子・小人の項にいくつもの使用例が示されている。

「子曰く、君子は上達し、小人は下達す」(『論語』)、すなわち、君子はすぐれた教養や道徳を身につけようと努力するが、小人はつまらないことを身につけようとする。あるいは、よく知られている、「君子は危うきに近寄らず」、つまり、君子は身を慎む者だから、危険なところにははじめから近寄らない。また、「君子は多能を恥ず」(『論語』)、すなわち君子は一つのことに精通しているから、いろいろの方面に手を出すことはしない、などである。

一方、「小人閑居して不善をなす」もよく知られているが、「小人罪なし、玉をいだいて罪あり」(『春秋左氏伝』)は、西郷のいうことにかかわっている。つまり、品性の卑しい者だからといって、罪を犯すとは限らない、しかし身分不相応の財宝を持つと、えてして罪を犯すようになる、というのである。

『徒然草』九七段に、「小人に財あり、君子に仁義あり、僧に法あり」とあるのも、同じような意味だろう。小人には小人の持つ才能や技芸に見合った役職があるというのである。

西郷は、斉彬の参勤に従って江戸に着いたのが一八五四(安政元)年三月六日で、一か月余り後の四月一〇日に、樺山三円《かばやまさんえん》とともに、小《こ》石川《いしかわ》の水戸藩邸に藤田東湖・戸《と》田《だ》忠太夫《ちゅうだゆう》を訪ねている。

藤田らは後期水戸学を代表する学者で、水戸藩主徳川斉昭《とくがわなりあき》の信頼も厚い人物であった。この藤田との面会の実現は、かねての憧《あこが》れの人に会ったような喜びようで、もらったサインとともに、その会談の様子を国許《くにもと》に書き送っている。

その藤田や戸田が、翌安政二年一〇月に安政の大地震で死んでしまったことは、西郷にとって実に悲しい出来事であったのである。藤田東湖が、この言葉を、直接西郷に話したことなのかどうかわからないが、西郷が君子と慕う藤田の言葉なのであろう。

七　正道を踏み至誠を推《お》し、一事の詐《さ》謀《ぼう》を用う可《べ》からず

原文

七　事大小と無く、正道を踏み至誠を推し、一事の詐《さ》謀《ぼう》を用う可《べ》からず。人多くは事の指支《さしつか》ふる時に臨み、作略を用て一旦其の指支を通せば、跡は時宜次第工夫の出来る様に思へども、作略《さりやく》の煩《わずら》ひ屹度《きっと》生じ、事必ず敗るるものぞ。正道を以て之れを行へば、目前には迂遠なる様なれども、先きに行けば成功は早きもの也。

訳文

七　どのようなことでも、道理にかなった正道を歩み、真の心を貫き、人をだますような手は使ってはならない。

多くの人は、行き詰まったとき、どんな汚い手を使ってでもその場を切り抜けよう、そうすればあとは時の運でいろいろ工夫はできると思うけれども、その使った手のせいで、必ずといっていいほど困りごとができ、結局は失敗するものである。

正道を歩めば、目には遠く見えても、先に行けばかえって早く成就するものだ。急がば回れということである。

❖解説

西郷が藩主斉彬の求めに応じて提出した「農政に関する上書」の冒頭で指摘した事実は、次のようなことであった。

薩摩藩では、一七二二（享保七）年に検地が行われた（一七二六年に完了）。検地を実施する際、藩は、検地によって生じた増高《ましだか》は、村のものにするといって、百姓を検地に協力させた。

そこで、百姓はできるだけ増高が生じるように測量をして検地を終えたところ、藩は約束を反故《ほご》にして、その増高を藩の所有にして取り立てたというのである。その結果、民心は離反し、田賦《でんぷ》は乱れてしまった。だから、清廉の吏を配して信頼を回復しなければならないと西郷はいうのである。天の示した正道を歩むことこそが、民の信頼も得て成功するのだという。三四条（一七四頁）でも、「作略は平日致さぬものぞ。作略を以てやりたる事は、其の跡を見れば善《よ》からざること判然」といっている。この作略には、戦略といった意味があるが、ここにいう詐謀には、戦略的要素は読みとらないほうがいいだろう。正道を踏み外した偽りとか、欺くとかの意味のほうが強い。

八　先《ま》づ我が国の本体を居《す》ゑ風教を張り、然《しか》して後徐《しず》かに彼《か》の長所を斟酌《しんしゃく》する

原文

八　広く各国の制度を採《と》り開明に進まんとならば、先《ま》づ我が国の本体を居《す》ゑ風教を

張り、然《しか》して後徐《しず》かに彼《か》の長所を斟酌《しんしやく》するものぞ。否《しか》らずして猥《みだ》りに彼れに倣《なら》ひなば、国体は衰頽《すいたい》し、風教は萎靡《いび》して匡救《きようきゆう》す可《べ》からず、終《つい》に彼の制を受くるに至らんとす。

訳文

八　欧米各国の制度を採用して日本を開明の域に進めようとするなら、それよりも先にしなければならないことがある。

まず日本がその基本（国柄）を確定して、徳を持ってそれを支えるようにすることである。

そのうえで、日本に見合った長所を各国の制度のうちから選びとって採用する。それも急がないことが重要である。何でもかんでも模倣すると、日本の国体は衰え、徳も廃れて、救いようがなくなってしまい、結局は欧米の支配を受けるようになってしまうのである。

❖解説

西郷隆盛について、彼は「武家の棟梁《とうりよう》」で、封建社会の権化であるかのように考えている人が多い。だから、西南戦争は、武家中心の封建社会の回復をめざす不平士族の反乱なのだとの評価も生まれる。

しかし、欧米の文化や制度を西郷は拒否していないどころか、よいものは積極的に導入すべきなのだという。ただ、無批判に導入することを批判しているのである。夏目漱石《なつめそうせき》が、ロンドンに留学して英文学を研究しているさなかでも、たえずインヂペンデント、インヂペンデントと繰り返して、日本が無批判に欧米の思想や文化・文物を導入していることに危惧《きぐ》の念を表していたのと似ている。

西郷は、明治四年に政府に提出した二四か条の意見書のなかで、「皇国の国体は此の通り、目的は此の通りと、本朝中古以上の体を本《もと》に居《す》え、西土西洋の各国までも普《あまね》く斟酌《しんしやく》し、一定不抜の大体を知るべし」と述べている。

二条（二〇頁）に、「国体定制なければ」とあったが、同様のことで、各国の制度を採り入れて開明に進むことはいいといっている。

しかし、その前に日本をどのような国にするつもりなのか、国民のなかにどういう倫理や思想形成を促すのか、これが肝心だ、そうでなければ、文化も含めて欧米列強の支配を受けてしまうだろうという。

こうした批判にもかかわらず、明治一〇年代後半に井上馨《いのうえかおる》らによって、鹿鳴館《ろくめいかん》時代と称される軽薄な一時期が生まれるのである。井上は、このとき日本の漢字と仮名の文化を排してローマ字にしようとまで言っていたのである。

九　忠孝仁愛教化の道は政事の大本《おおもと》也

原文

九　忠孝仁愛教化の道は政事の大本《おおもと》にして、万世に亘り宇宙に弥《わた》り易《か》ふ可《べ》からざるの要道也。道は天地自然の物なれば、西洋と雖《いえど》も決して別無し。

訳文

九　君に忠に、親に孝に、人を思いやりいつくしむという徳目の実践を促すことこそ、政治の基本である。

これは、いつの世でも、どこにあっても、不変かつ必要な道なのである。その道は、人間の作為によって生まれたものではなく天地自然のものであるから、日本固有のものではない、西洋においても同様に必要なものなのだ。

❖解説

「忠孝仁愛」とあるが、孔子《こうし》によれば、その中心に位置するのは「仁」で、本来親に親しむという自然の親愛の情を、万人にまで広めようとする道徳的心情をいう。これは、天から与えられた人間本性の働きで、しかも、単なる情念ではなく知と勇が兼ね備えられているのだという。それが、克己復礼《こっきふくれい》（克己復礼為仁―『論語』）・孝悌《こうてい》・敬・忠恕《ちゅうじょ》・愛などと表現される。

西郷は、この「仁」は時間・空間を超えて不易である。したがって、西洋においてもこの心情は貫かれているはずだというのである。

現在、毎日のように親の虐待や子殺し、子の親殺しなどが報じられているのをみると、親に親しむという親愛の情が、人間本性の働きなのかを疑わせるほどである。孟子《もうし》は、「仁」を天から与えられた惻隠《そくいん》（いたわり、憐《あわれ》み）の心を拡充した心情だと説明しているが、テロの撲滅を理由に、罪もない家庭の頭上に爆弾を投下しつづける国家や勢力には、「仁」はかけらもないとしか言いようがない。

一〇　人智を開発するとは、愛国忠孝の心を開くなり

原文

一〇　人智を開発するとは、愛国忠孝の心を開くなり。国に尽し家に勤むるの道明《あきら》かならば、百般の事業は従て進歩す可《べ》し。或《あるい》は耳目を開発せんとて、電信を懸け、鉄道を敷き、蒸気仕掛けの器械を造立し、人の耳目を聳動《しょうどう》すれども、何故電信鉄道の無くて叶はぬぞ欠くべからざるものぞと云ふ処に目を注がず、猥《みだ》りに外国の盛大を羨《うらや》み、利害得失を論ぜず、家屋の構造より玩弄物に至る迄、一一外国を仰ぎ、奢《しゃ》侈《し》の風を長じ、財用を浪費せば、国力疲弊し、人心浮薄に流れ、結局日本身代限りの外《ほか》有る間《ま》敷《じき》也。

訳文

一〇　人間の知恵を開発するということは、国を愛し、君に忠誠を尽くし、親に孝

行する心を開くことなのだ。国に尽くし、家を治めととのえる道が明らかであれば、すべての事業は前進するだろう。

見聞を広めるのだといって、電信線をかけ、鉄道を敷設し、蒸気機関車をつくる。こうして人の注目を集めても、どうして電信・鉄道が必要なのかを考えもしないで、やたらと外国の巨大な繁栄を羨《うらや》む。また、日本にとっていいのか悪いのかを考えもせずに、家屋の作り方からおもちゃに至るまで、一つひとつ外国に見習って、贅沢《ぜいたく》の風潮を助長する。

こうして財政を浪費するなら、国力は疲弊し、人心は軽佻浮薄《けいちょうふはく》になり、結局日本は、にっち（二進）もさっち（三進）も行かなくなってしまうだろう。

（編集部注・一〇条の解説は、一一条ともに五〇頁に掲載）

一一　文明とは道の普《あまね》く行はるるを賛称せる言

原文

一一　文明とは道の普《あまね》く行はるるを賛称せる言にして、宮室の荘厳、衣服の美麗、外観の浮華を言ふには非《あら》ず。世人の唱ふる所、何が文明やら、何が野蛮やら些《ち》とも分らぬぞ。予嘗《かつ》て或人《あるひと》と議論せしこと有り、「西洋は野蛮ぢや」と云ひしかば、「否《い》な文明ぞ」と争ふ。「否な否な野蛮ぢや」と畳みかけしに、「何とて夫《そ》れ程に申すにや」と推《お》せしゆゑ、「実に文明ならば、未開の国に対しなば、慈愛を本とし、懇懇説諭して開明に導く可《べ》きに、左は無くして未開蒙昧《もうまい》の国に対する程むごく残忍の事を致し己れを利するは野蛮ぢや」と申せしかば、其の人口を莟《つぼ》めて言無かりきとて笑はれける。

訳文

一　文明とは、道理が広くいきわたって行われることを褒め称《たた》えていう言葉であって、宮殿が荘厳であるとか、衣服が美しくあでやかだとかといった、実体を伴わない外観の華やかさをいうものではない。人は、文明だ、野蛮だなどと口にするけれども、何が文明で何が野蛮なのかさっぱりわかっていない。

南洲翁が笑いながら、かつてある人とこんな議論をしたことがある。

私が、「西洋は野蛮じゃ」と言ったところ、彼は「文明ぞ」と反論する。なお「野蛮じゃ」と畳みかけて言うと、「どうしてそれほどに言うのか」と尋ねるので、「西洋が本当に文明の国ならば、未開の国に対しては、慈愛の心を持って接し、懇々と説諭を加えて開明に導くはずであろう。ところが、現実はそうではなく、相手が未開蒙昧《もうまい》の国であればあるほど、むごく残忍に振る舞ってきたではないか、これこそ野蛮と言わずして何ぞ」、と言ったところ、彼は口をつぼめて何も言えなくなった、と言われた。

❖解　説

ここには、西郷の文明観がいかんなく示されている。われわれは、古代の官僚制・奴隷制の社会から、中世封建制・農奴制の社会へ、そしてそれはやがて資本主義社会へと発展していく、という「歴史の発展」という認識になじんでいる。

欧米列強は、早くに資本主義を形成し、それは黒船や鉄道や電信その他の器械や装置、あるいは制度や法、そしてなによりも強大な軍事力を持って、日本をはじめアジア諸国の前に現れたのである。

以上の認識からは、いうまでもなく、日本やアジア諸国は発展途上国なのである。だから、発展途上国の為政者や国民は、先進国の生産様式や制度・文物を積極的に導入して、その遅れを取り戻したいと考える。日本の文明開化は、こういう認識のもとに推《お》し進められた。

西郷は、日本がそもそもいかなる国なのか、いかなる方向に日本を創り上げていくのか、このことをまともに考えないで、無批判にそのような欧米の制度・文物を導入していれば、日本は日本でなくなってしまうと、危惧《きぐ》し、警告しているのであるが、もう少し、西郷の思想に分け入って考えると、この欧米を先進国、日本・アジアを発展途上国というふうには認識していないことがわかる。

もちろん、国家・社会についての認識には文明・未開・野蛮の相違が明確にあり、文明に積極的な価値が置かれることについては、これも鮮明である。

同じ歴史的時代に、さまざまな国が存在している。

資本主義が発達して、鉄道や電信があり、石や煉瓦《れんが》の家が並んでいる。しかし野蛮な国があり、鉄道や電信はなくても忠孝仁愛の道が広く行きわたっている国がある。あるいは、その中間的な国もあるだろう。そして、それらの国々が、相互に関係し合い、学び合い、影響し合うことの有効性も、西郷は十分に認めているのである。

西郷自身、イギリスやフランスについての知識を得ようとしていたことも明らかである。一八六六（慶応二）年に西郷は大久保利通《おおくぼとしみち》を通じて、トマス・ミルナー・ギブソンの漢訳『大英国志』（慕維廉訳、一八五六年）を手に入れている。

これは、イギリスの開国起原からヴィクトリア朝期までの歴史と、地勢・風土・民情や、合邦の経緯・政体・衆議・執政官などの政治制度が「職政志略」として、また行政・教会・財賦・学校・農商・兵事・地理がそれぞれ「志略」として記述された、英国についての基礎知識といった書である。

この書は、越前藩の松平春嶽《まつだいらしゅんがく》が手に入れて、自らそれに注釈を書き込んだものが残されている。春嶽は、この書をもとに近代的議会制度の導入をよしとする、『虎豹変革備考』を著している。

すなわち、日本や中国の制度は、政府が権力を掌握して、賞罰や黜陟《ちゅつちょく》（功のあるなしで位を上げ下げすること）あるいは与奪をほしいままに行っているが、英国の王もフランスの帝《みかど》もこれを自由にすることはできない。

日本の制度も、一変して、巴力門（ハルリモン）と高門士（コンモンス）の二つの議会を設けるがよい。その前者には幕府の臣下または諸侯のうちから、後者には諸藩士の有名な者のうちから、あるいは、前者には諸侯の藩士のうちから、後者には百姓町人または庶人のうちから、それぞれ選んで議員にする方法が考えられる。ともかく天子といえども、この公共の論を動かすことはできない、などと述べている。

西郷もまた、慶応三年七月二六日・二七日の両日、大坂に滞在中のアーネスト・サトウに会って諸種の議論をしているが、その折、西郷は、「現在のタイクーン政府に代つて設立さるべき全国民の国会のことを大いに論じた」（維新史料編纂事務局訳編『英使サトウ滞日見聞記維新外交秘録』）と語ったというから、西郷自身も立憲制の採用について考えていたと思われ、『大英国志』が、彼のそうした認識成立に役に立っていたと考えることができよう。

福沢諭吉《ふくざわゆきち》が「是等の事実を証すれば、西郷は決して自由改進を嫌ふに非ず、真実に文明の精神を慕ふ者と云ふべし」（「明治十年 丁丑公論」『福沢諭吉全集』第六巻）と言っているが、そのとおりである。

また、あの「蛮社の獄」に際して嫌疑を恐れて自殺した出羽《でわ》の小関三英《おぜきさんえい》の訳書『那《ナ》波《ポ》列《レ》翁《オン》伝初編』（田原《たはら》藩の松岡次郎《まつおかじろう》によって出版された）が、西郷の愛読書として、鹿児島の黎明《れいめい》館に残されている。

西郷家の蔵書目録には、ほかにも『萬国地誌略梗解』『亜細亜東部輿地図』『仏蘭《フラン》西《ス》法律書』『悖仏《ふふつ》戦記』などがある（橋口俊二「西郷の対外認識と西洋英雄」）。このようにみてくると、いかに西郷が、西欧の国々の実情におおいに関心をもち、必要な知識を得ようとしていたかがわかる。

では、西郷のいう「文明」とは何か。

そうした制度や機械・文物などの相違にかかわらず、というか、それをも貫通している道義が存在しているか、普《あまね》く行きわたっているかということなのである。

道義あるいは道理、また道・天道と、さまざまな表現がなされるが、九条（四四頁）のところで述べたように、忠孝仁愛は日本に限らず、万国に貫徹するはずのものだと考えるのである。だから、この道理が、未《いま》だ行きわたっていない国、発展途上国に対しては、慈愛を持って接しなければならないというのである。

この認識からいえば、列強の軍事力にものをいわせた経済的・軍事的弱小国に対する態度は、野蛮としかいいようがないのである。

この西郷の認識は、現在のグローバリズムへの批判の認識にもなりうるものだろう。超強大国アメリカの、「文明」の尺度で、本来多様に存在している国々や民族を裁断する姿勢は、最も野蛮な行為だと、西郷が生きておれば批判したに違いない。

一二　懲戒を主として苛酷を戒め、人を善良に導く

原　文

一二　西洋の刑法は専ら懲戒を主として苛酷《かこく》を戒め、人を善良に導くに注意深し。故に囚獄中の罪人をも、如何《いか》にも緩《ゆ》るやかにして鑑誡となる可《べ》き書籍を与へ、事に因《よ》りては親族朋友の面会をも許すと聞けり。尤《もっと》も聖人の刑を設けられしも、忠孝仁

愛の心より鰥寡《かんか》孤独を愍《あわれ》み、人の罪に陥いるを恤《うれ》ひ給ひしは深けれども、実地手の届きたる今の西洋の如く有りしにや、書籍の上には見え渡らず、実に文明ぢやと感ずる也。

訳文

一二　西洋の刑法は、見せしめとか制裁ではなく、もっぱら罪の重さを悟らせて、善良に導くことに主眼があり、刑は苛酷《かこく》に過ぎないようにしているという。だから、獄中の罪人に対しても、あまり拘束しないで、教戒となるような書籍を与え、場合によっては親族や友人たちの面会をも許すと聞いている。もっとも、本来聖人が刑を設けられたのも、忠孝仁愛の心を持って男やもめや寡婦、あるいは独り者を憐《あわ》れんで、罪を犯すことがないようにとの深い思いからであったが、実際のところはどうか、今の西洋のようであったろうか。書物の上ではわからないが、このような刑のあり方こそ文明だと感じるものだ。

❖解説

その意味からみれば、西洋の刑法には、文明をみることができるのではないかと西郷はいうのである。この認識が、どのようにして得られたものなのかわからない。

日本の古代律令制下では、天皇に対する謀叛《むほん》や、親などの尊属に対する不孝などを、最も重い罪（八逆）として、これを犯したものは有位者であっても罪は減免されないことになっていた。彼ら罪を犯したものには、その程度によって、笞《ち》・杖《じょう》・徒《ず》・流《る》・死の五つの刑罰に処せられた。

平安末ごろから行われた最も重い刑罰に、磔《はりつけ》がある。当初は体を板や地面にはり付けて、釘《くぎ》を刺して殺すというものであったが、近世では、主《あるじ》殺しなどの重罪犯を、罪木に縛り付けて槍《やり》で突き刺すという残酷な処刑であった。

磔につぐ重刑に梟首《きょうしゅ》がある。さらし首のことで、古代末からは行われていたようだが、やがて獄門と呼ばれるようになり、斬罪《ざんざい》に処せられた囚人の首を獄屋の門などにさらしたが、近世では、牢《ろう》内で首を切ったあと、これを俵に入れ、浅草《あさくさ》・品川《しながわ》両仕置場に運び、獄門台に三日二夜さらした。

流罪は、死罪につぐ重罪で、罪人を古代律令以来辺境の地や島に流すもので、京都からの遠近が決められていたが、近世では「御定書百箇条《おさだめがきひやっかじょう》」成立以後は遠島と呼ばれ、江戸からの流人《るにん》は伊豆七島《いずしちとう》へ、京・大坂・西国・四国の流人は薩摩国・五島《ごとう》の島々、隠岐《おき》国、壱岐《いき》国、天草《あまくさ》へ流された。西郷は、久光《ひさみつ》によって、最初は奄美大島、ついで徳之島・沖永良部島《おきのえらぶじま》に流されたのである。

西郷がいうように、日本の刑罰が、見せしめ的要素が強いのはそのとおりであるが、時代劇などによく出てくる人足寄場《にんそくよせば》は、教育系的要素を持つものであった。寛政年間に火付け盗賊改役長谷川平蔵《はせがわへいぞう》の建議で江戸の石川島《いしかわじま》（常陸《ひたち》筑波《つくば》郡上郷《かみごう》村にも）に設けられたもので、無宿者や軽犯罪者で引き取り手がないものを収容し、大工・建具・塗り物・紙漉《かみすき》などを行い、技術を習得し、労賃ももらい、社会復帰をめざさせたのである。

それと、注目すべきは、肥後《ひご》藩が藩主細川重賢《ほそかわしげかた》のもとで行った宝暦の改革で採用された「刑法草書」である。これは、堀平太左衛門《ほりへいたざえもん》によって作られたものであるが、それまでの追放刑を笞刑《ちけい》（むちで打つ）と徒刑（懲役）に減刑し、これまで罪人の二の腕に入れ墨を入れていたのを廃止し、その代わりに眉《まゆ》を剃《そ》らせることにしたのである。つまり、社会復帰を容易にするためであった。

このような、刑の歴史があったのであり、因《ちな》みに、維新政府は、この肥後藩の「刑法草書」の実践を近代刑法に活《い》かすべく、肥後藩から司法畑に、幾人もの人材を採用した。

なお、西郷が、鰥寡《かんか》孤独のものに対する憐みについて述べているが、鰥寡孤独および廃疾（身体に障害を持つもの）に対しては、村（共同体）が救恤《きゅうじゅつ》を行うのを常としていた、というより救恤が共同体の機能の重要な位置を占めていたというべきだろう。

近代社会になって、共同体のその機能は失われる傾向になった。したがって、国家・行政が一九〇〇年前後から社会政策的にその保護を行いはじめるまでは、宗教者や民間の保護に頼る以外に方法がなかったといえる。

西郷は、これについては、自らの経験に基づいて、聞きかじりの西洋の刑法を評価したのかもしれない。

一三　租税を薄くして民を裕《ゆたか》にするは、即《すなわ》ち国力を養成する

原　文

一三　租税を薄くして民を裕《ゆたか》にするは、即《すなわ》ち国力を養成する也。故《ゆえ》に国家多端にし

て財用の足らざるを苦むとも、租税の定制を確守し、上を損じて下を虐《しい》たげぬもの也。能《よ》く古今の事跡を見よ。道の明《あきら》かならざる世にして、財用の不足を苦む時は、必ず曲知小慧《きょくちしょうけい》の俗吏を用ゐ巧みに聚斂《しゅうれん》して一時の欠乏に給するを、理財に長ぜる良臣となし、手段を以て苛酷に民を虐たげるゆゑ、人民は苦悩に堪へ兼ね、聚斂を逃んと、自然譎詐狡猾《きつさこうかつ》に趣き、上下互に欺き、官民敵讐《てきしゅう》と成り、終《つい》に分崩離拆《ぶんぽうりせき》に至るにあらずや。

訳文

一三　税を軽くして国民を豊かにすれば、国力も強くなるものである。だから、国家が多くの課題を抱えて、財政が苦しくなったとしても政府が我慢すべきであって、税の制度を変えて国民に重税をかけるといった政策は採るものではない。

よく古今の事跡を見てみなさい。道理が明らかでない世においては、財政が不足して悩むようなとき、必ずといってよいほど、小賢《こざか》しい小役人を使って、民を攻め立てて税を取り立てさせる。

こうして一時の欠乏を補うことのできる才能のある者を会計に明るい役人と見て、あの手この手で民から搾り取るといったことをさせる。そのため、国民は国民で、その税の取り立てを逃れるためにさまざまに詐欺的行為をしたりして狡猾《こうかつ》に動き、結局政府と国民が互いにだまし合い、お互いを敵《かたき》と思うようになり、ついに分裂してしまうのである。

❖解　説

西郷は、一八六二（文久二）年閏《うるう》八月一六日に、沖永良部島《おきのえらぶじま》は和泊《わどまり》の牢《ろう》囲いに入った。この囚人西郷を監督する役目を仰せつかったのは、間切横目《まきりよこめ》の土持政照《つちもちまさてる》である。入牢生活で日に日に衰弱していく西郷を、母ツルとともに支えた。

西郷は、終生その恩を忘れることはなかった。その土持の求めに応じて、牢中で書き与えた訓言（「与人役間切横目役大躰《よひとやくまきりよこめやくだいたい》」）がある。そこで、次のように言っている。

一体に頭役《かしらやく》は、人心を得るのが一番である。その人心を得るのには、わが身を勤めて私欲を絶ち去らねばならない。

万人の頭に立つと、下々のものはどのような無理を申し付けても、容易には背けなくて嫌々ながらでもかしこまるものだから、与人役《よひとやく》というのは貴くて、わがままに振る舞ってもいいのだと心得てしまう。そうなるとたちまち、与人役は万人の仇敵《きゆうてき》となり、もう頭役ではなくなってしまう。

役目というのは何のために設けられたのか、自分勝手をしてよいはずはない。天は万民を扱うことができないので、天子を立て、万民が安心してそれぞれの業を行えるようにしたのだが、天子御一人では行き届かないから、諸侯を立て領分の人民を安堵《あんど》させようと言い、それもままならないので諸有司《ゆうし》を設けたのだ。

これはみな、万民のためであるから、役人においては、万民の疾苦は自分の疾苦だと心得、万民の歓楽は自分の歓楽にし、日々天意を欺かず、その本に報いるのが良役人ということだ。もし、この天意に背くなら、天の明罰は逃れられないから、心しなければならない。

百姓は力を労して本に報いるのが職分で、いっぽう役人は心を労して本に報いるのが職分である。力を労するというのは、作職《さくしき》＝農業に骨を折って、年貢を滞らせず、あるいは課役を勤めることであり、心を労するとは、百姓から頼りに思われるようにすることで、凶年の対策をしたり、作職の時期を間違わないようにし向けたりすることで、この本意をよくよく合点して、難儀が起きないようにすることが肝心なのだ。

役人の取り扱いがよく、万民の怨嗟《えんさ》の声がなければ、風雨旱害の憂いはない。万民の心が天の心になり、民心が一様にそろうことが天意に従うということだ。人心が調和すれば、気候も、冬のあとには春、春のあとには夏というように、また雨のあとには晴、晴のあとには雨というように、順にめぐることは明らかだ。

だから、頭役はこのことを第一に心がけなければならない。たとえ、代官の命令であっても、みすみす百姓の痛みになるとわかることであれば、繰り返し、これでは困ると申し立てて、納得できるように心を尽くさなければならない。

と。西郷はこのとき、まだ三五歳ごろであるが、考えは変わっていないだろう。この思想も、おそらく郡方書役助《こおりかたかきやくたすく》時代の経験がもとになっているのだろうと思う。西郷が最初に仕えた郡奉行迫田太次右衛門《さこだたじうえもん》については、先に触れたことがあるが、彼自身は赤貧洗うが如き生活を送り、恬淡《てんたん》無欲で、しかも下々を虐げる苛政《かせい》に抵抗して職を辞したのであるが、そのときに詠んだ詩は、次のようであった。

虫よ虫よ　五ふし草の根を絶つな　絶たばおのれも共に枯れなん

この「虫」は役人のことで、「五ふし草」は百姓のことだという。百姓を傷めるなら自分も枯れてしまうだろうと詠《うた》っているのである。こうした上司の姿勢が、西郷の、百姓に対する、あるいは農政に対する、さらに民の上に立つものに対する、あるべき姿を創り上げていったのだと思われる。

河野《こうの》辰三《たつぞう》は、『易経』の言葉、「上を損じて、下を益すれば、民悦びて限り無し」を挙げて、遺訓冒頭の「租税を薄くして」は、損上であり、「民を裕《ゆたか》にする」は益下である、また、文中の「上を損じて下を虐《しいた》げぬもの也」とは、まさに損上益下であると説明している（「南洲翁遺訓・損上益下」）。

一四　入るを量りて出るを制する

原　文

一四　会計出納《すいとう》は制度の由《よっ》て立つ所ろ、百般の事業皆是れより生じ、経綸《けいりん》中の枢要《すうよう》なれば、慎まずはならぬ也。其の大体を申さば、入るを量りて出るを制するの外《ほか》更に他の術数無し。一歳の入るを以て百般の制限を定め、会計を総理する者身を以て制を守り、定制を超過せしむ可《べ》からず。否《しか》らずして時勢に制せられ、制限を慢《みだり》にし、出るを見て入るを計りなば、民の膏血《こうけつ》を絞るの外有る間敷《まじき》也。然《しか》らば仮令《たとい》事業は一旦進歩する如く見ゆるとも、国力疲弊して済救す可からず。

訳文

一四　会計出納《すいとう》は、国家の制度の基礎である。一切の国家事業はみなこれによって実現がはかられるもので、国家の運営の要であるから、心して行われなければならない。

そのあらましを示せば、どれだけの歳入があるかを明確にして、その範囲内で歳出がはかられねばならない、これがすべてである。年間の収入によって一切の計画を定め、会計担当者はその計画を身を挺《てい》して守り、それを超過しないようにしなければならない。

そうではなく、時勢にまかせてルーズに会計を運用し、歳出に合わせて収入をはかるなら、結局、国民から重税を搾りとるよりほかの手はなくなるだろう。このようにすると、事業は進んだように見えても、結局、国力は疲弊して救いようがない事態に陥るものだ。

❖解説

明治政府の財政政策が確立するのは、明治一〇年代後半の松方《まつかた》デフレといわれる農村に深刻な状況を生みだした松方財政、すなわち膨張した不換紙幣を償却（紙幣整理）し、新たに設けた日本銀行を唯一の発券銀行にして、信用制度を確立する段階まで待たなければならなかった。

鳥羽《とば》・伏見《ふしみ》の戦いのあと、一八六八（慶応四）年一月二一日に、横井小楠《よこいしょうなん》の弟子である参与由利公正《ゆりきみまさ》は、会計基立金三〇〇万両の募債を建議し、それを実行に移した。すなわち、京都や大坂をはじめ全国の豪商たちから国債を徴募したのである。新政府の信用が確立していないなかで、半ば強制的に、御用金あるいは賄金《まかないきん》の名目で、二八五万五〇〇〇余両の応募金を得たのである。

その内訳は、三井《みつい》・小野《おの》・島田《しまだ》の為替方三家を含む三都の商人が七四・三パーセントを占め、堺《さかい》や長浜《ながはま》・彦根《ひこね》・松坂《まつざか》などの地方商人が九・二パーセントで、残りが在郷商人や有力農民（豪農・富農）たちからの応募であった。

なぜ、このような国債の徴募が必要であったのかといえば、新政権の財政的基礎となる領土は、旧幕府と旗本領の一部にすぎず、七〇〇万〜八〇〇万石程度であり、そこから上がる貢租《こうそ》だけが収入であった。

そのなかで戦争をするのであるし、征討総督府傘下で官軍として参戦する主に西国の諸藩から出金を求めたが、これまた順調には集まらなかった。というのは、諸藩自身が窮迫しているなかでの出兵と出金であり、かつまだどちらに転ぶかもしれないとの新政権に対する不安もあったからである。

こうして獲得した基立金をもって、財政の不安定を補ったのであるが、同年閏《うるう》四月の政体書公布による太政官《だじょうかん》への権力の統一が実現すると、政府（由利財政）は富国の基礎を作ると称して太政官札の発行を決定し、翌月から明治二年五月までに総額四八〇〇万両を発行した。そのうちの三〇〇〇万両は赤字の補塡《ほてん》に使われたのである。

そして、その太政官札を藩や富商・豪商に貸し付け、同時に設置された商法会所を通じて国内の商品流通・外国貿易の過程に寄生してマージンを収得する方針を立てた。しかし、太政官札の信用は薄く、かつ外国からの抗議があいつぎ、続行は不可能になり、由利公正《ゆりきみまさ》は明治二年二月には辞職に追い込まれるのである。

この後を受けたのが外国官の大隈重信《おおくましげのぶ》で、かれは明治二年二月に外国官内に設置された通商司を通じて、貿易事務の一切を掌握しようとしたのである。通商司はやがて会計官に移されたが、物価を安定させること、貨幣の流通や通商貿易を管理すること、商社や両替商を設けること、海運業や保険業を創設することなど、経済活動の全般におよぶ権限を持つものであった。

通商貿易を担う諸商社を統轄するものとしての通商会社やそれに資金を供給する為替会社はこの通商司のもとにつくられた。ここには三井・小野以下の特権商人（政商といわれるようになる）が参加し、運営を担当するのである。

このように、政府は上から半ば強引に、列強資本主義との交易をコントロールして、自らその財政的基盤をつくろうとしたのであるが、これも十分な効果を上げえず、外国からの抗議も受け、自らは赤字を出して破綻《はたん》するのである。

廃藩置県に至る過程での、政府の財政政策・通商政策は、結局は現実的に、出ていく費用（出費）をいかに確保するか、調達するかにあったことは確かだろう。「入るを量りて出るを制す」という財政の基本は、ここでは行われえなかった。

廃藩置県によって、大名（藩）という個別領有権は解体させられて、統一が実現したのであるが、各藩が抱えていた家臣団は、政府の家臣団になり、政府はその膨大な家臣団に対する俸禄《ほうろく》を引き受けなければならなくなる。

したがってこの処分が、不可欠の課題になる。また、それまで各藩ごとに相違していた年貢高と徴租方法・システム・慣習を、国内に一元化して、国家として安定した歳入を確保することが、何より必要なことであった。

その前者、すなわち家臣団の解体、秩禄《ちつろく》処分については、西郷自身も熱心にその実現を主張し、アメリカからの国債募集をしてでも行うべきだとの強硬論を主張していた。

西郷のこの遺訓は、政府は必要なものはどんどん使う、不足分を結局は国民に背負わせることになることを戒めているのである。

しかし、その後も、西南戦争の戦費の調達などを目的に、不換紙幣を乱発してインフレをつくり出し、あげくに、松方財政で一気にデフレにして、農民はその多くが没落して小作人となり、一方に大土地所有者・地主層を創り上げたのである。明治政府の「定制」は、そうした上でつくられていったのである。

一五 無根の虚勢を張る可《べ》からず

原文

一五 常備の兵数も、亦会計の制限に由《よ》る、決して無根の虚勢を張る可《べ》からず。兵気を鼓舞して精兵を仕立てなば、兵数は寡《すくな》くとも、折衝禦《ぎょ》侮《ぶ》共に事欠く間《ま》敷《じき》也。

訳文

一五 どれだけの常備兵を抱えるかについても、財政的に許される範囲内でなくてはならないのであって、虚勢を張って無闇に兵隊を蓄えることなど決してしてはいけない。

兵士の心を奮い立たせて、優れた強い兵士に仕立てることが肝心だ。そして、たとえ兵隊の数は少なくても、外国との折衝は堂々として、馬鹿にされないようにしなければならない。

その意味では、常備の兵力についても財政状況のなかで、その規模を考えなければならない、という。

日本近代の兵制は、戊辰《ぼしん》戦争が終結し、版籍奉還が行われた直後の官制改革で兵部省が設けられたことに始まるが、府と藩と県の三治制のもとでは、統一された軍隊は持てるはずもなかった。

一八七一（明治四）年二月に、薩摩藩から歩兵四大隊・砲兵四隊、長州藩から歩兵三大隊、土佐藩から歩兵二大隊・騎兵二小隊・砲兵二隊の合わせて一万の親兵（通例このようにいわれているが、六二〇〇人以上八〇〇〇人以下の兵数）が、兵部省の管轄下に置かれ、四月にはこの親兵の部隊編制がなされて、石巻《いしのまき》と小倉《こくら》に鎮台が置かれたのである。

この兵力が七月一四日の廃藩置県断行を支える兵力となった。廃藩置県後の八月、東京・大阪・鎮西《ちんぜい》（小倉、当分は熊本）・東北（石巻、当分は仙台《せんだい》）の四鎮台八分営設置の指令が出され、ここには旧藩の常備兵が召集されたのである。翌一八七二（明治五）年二月には兵部省に代わって陸軍省・海軍省が新設されることになった。

さて、これまでは旧藩の武士（士族）を中心とする兵力であった。もちろん、長州に高杉晋作《たかすぎしんさく》によってつくられた奇兵隊をはじめとして、草莽《そうもう》層を含む諸隊はつくられ活躍していたのではあるが、かれらを含めた旧藩の兵力が、新政府の兵力として活用されたのである。

この奇兵隊の経験を持って、高杉晋作から大村益次郎《おおむらますじろう》、そして山県有朋《やまがたありとも》と、長州出身の指導者から、徴兵制度の導入が企図されはじめるのである。

山県は、翌一八七三（明治六）年一月、「六管鎮台募兵順序」を建議して、兵備は「内は以て草賊を鎮圧し、外は以て対峙《たいじ》の勢を張るに足る」兵力を作る必要があるとして、徴兵制の必要を説いた。これを受けて、四鎮台は広島・名古屋《なごや》を加えて六鎮台とし、一〇日徴兵令が公布された。

さて、この徴兵令の制定に至る過程は、岩倉使節団の米欧回覧による留守政府のもとで行われた。参議筆頭の地位にあった西郷が、これに反対した形跡はない。このことも、西郷を理解するときに必要な認識である。

しかし、「兵気を鼓舞して精兵を仕立てなば」と言っているところをみると、兵はあるいは士族が担うべきだとの意識が、わずかでも窺《うかが》えるのではないかと思うのである。明治六年末の兵数は一万六二〇〇余人で、この兵数をどうみるだろうか。はっきりしていることは、この徴兵軍隊に直ちに「兵気を鼓舞」できるはずがないということである。

近代的徴兵制を初めて導入したのは、ナポレオン軍隊である。これはフランス革命に対する周辺諸国からの干渉に対して、自らが創り上げた新しい共和制国家を守らなければとの思いが新しい国民の中に形成されたからこそ可能な兵制だったのである。

それに対して、日本の場合、一般の民衆（農民を中心とする）は、この明治維新という変革、これが歴史的にみていかに大きなものであったにせよ、自分たちの力で実現したとはまったくもって考えられなかったはずである。

むしろ、家庭の最も頼りとされる労働力を一定期間奪われるのであるし、しかも政府の政策に反対して蜂起《ほうき》する同じ農民仲間を鎮圧することにも、その兵力が向けられるのであってみれば、なおさらのことであった。徴兵された兵隊が、銃口を国家に向ける可能性すらあったのである。一八七八（明治一一）年の竹橋《たけばし》事件は、そのことを証明している。

ところで、西郷がかかわった、兵気みなぎる精兵による戦争の勝利というとき、すぐに鳥羽《とば》・伏見《ふしみ》の戦いが思い出される。慶喜《よしのぶ》の軍隊一万三〇〇〇（一万五〇〇〇とも）に対して、迎え撃つのは薩摩と長州および土佐の軍勢五〇〇〇である。

ここで、薩長土軍が、フランスの徴兵軍隊にあたる。彼らは、クーデターによって創設した新政権を防衛しなければならない。その固い意志が、多勢を撃破したのである。

これは、基本的に正しいだろうが、おもしろい話がある。淀川《よどがわ》縁の枚方《ひらかた》の宿に接して、会津《あいづ》藩が台場の建設を行った。当初は、異国の勢力から京都を防衛するために、ということで検討が始められたのだが、八・一八政変後、尊王攘夷《そんのうじょうい》派から京都を防衛することを目的に、事実建設されたのである。

砲台は京都を背にして四基立てられた。実は、この台場が、会津や桑名《くわな》を主力とする慶喜の軍勢を阻止するのに役に立ったというのである。皮肉ではあるが、そのとおりだろう。

一六　節義廉恥《れんち》を失ひて、国を維持するの道決して有らず

原文

一六　節義廉恥《れんち》を失ひて、国を維持するの道決して有らず、西洋各国同然なり。上に立つ者下に臨《のぞ》みて利を争ひ義を忘るる時は、下皆之れに倣《なら》ひ、人心忽《たちま》ち財利に趨《はし》り、卑吝《ひりん》の情日日長じ、節義廉恥の志操《しそう》を失ひ、父子兄弟の間も銭財を争ひ、相ひ讐視《しゅうし》するに至る也。此《かく》の如く成り行かば、何を以て国家を維持す可《べ》きぞ。徳川氏は将士の猛《たけ》き心を殺《そ》ぎて世を治めしかども、今は昔時戦国の猛士《もうし》より猶《なお》一層猛き心を振ひ起さずば、万国対峙《たいじ》は成る間敷《まじき》也。普仏の戦、仏国三十万の兵三ケ月の糧食《りょうしょく》有て降伏せしは、余り算盤《そろばん》に精《くわ》しき故《ゆえ》なりとて笑はれき。

訳文

一六　節操を守り、義理を重んじ、恥を知る心を持つこと。このような姿勢をもた

ないなら、国は維持できない。

このことは、日本や東洋ばかりでなく西洋のどの国でも同じである。政府の役人たるものが、国民に対して利益を争ったり義理を忘れるようなことがあれば、国民もみなこれにならい、人の心は利益追求にばかり向かい、日に日に卑しく、利益を貪《むさぼ》るようになるものだ。

このように、節操も義理も、恥を知る心もなくなると、父子兄弟の間ですら金銭の争いをして互いに敵視するようになるのだ。このような状態で、国が維持できるはずがないではないか。

徳川氏は、武将や武士の勇ましい心を抑えて、世を治めたのだが、今の時代は、かつての戦国時代の武将・武士よりもっと勇猛な心を奮い起こさなければ、列強のつくる弱肉強食の世界に入って、列強と対等に張り合っていくことはできないのだ。

一八七〇〜七一（明治三〜四）年の、普仏戦争の際、ナポレオン三世率いる三〇万のフランス軍は三か月分の兵糧米を残して降伏したというが、これはフランス軍が戦闘意欲よりも、あまりに計算高かったからだと、南洲翁は笑われたことだ。

❖解　説

日本人の精神文化・精神生活のなかに、「はじ」「はじる」という感情はとくに重要な位置を占めてきた、と私などは思っている。手元にある小さな漢和辞典で、これに相当する漢字を探すと、忸・怍・怩・恧・恥・耻・羞・愧・媿・慙・靦と、一一種の漢字が見つかる。だから、日本人の、というより、中国を中心とする東アジアにおける特質かもしれない。

これらの漢字をみていて気づくことは、「はじる」ということが、心の働きであるというだけでなく、「心にはじる」あるいは「天にはじる」行為をいうということである。

しかも、「はじ」は、節操を失って正しくないことと同義でもあることである。では、節操とは何か。天によって与えられた道、正道が行われている状態をいうのだろう。

だから、正道が行われていないことを自覚したとき、忸怩《じくじ》たる思いがするのであり、天に愧《は》じるのである。また、そのことを指摘されて、恥じ入るのである。

為政者が民の上に君臨して、自らの利益のみを追求して正義を忘れるとき、すなわちそれを自覚して羞《は》じる気持ちがないときは、そうした無節操は国中に伝染する。

われわれは、いわゆるバブル景気のときに、まさにそうした状況を経験した。額に汗して働くという勤労の精神を泥まみれにして、マネーゲームで利を争うのである。一度この経験をすると、容易にもとへは戻らない。今なお日本経済だけではなく、日本人の精神を毀《こわ》している。羞じるという感覚が喪失してきているのである。日常的に、親の子殺し、子の親殺しや、かつては新聞紙上で猟奇事件などと騒がれた事件より数倍も猟奇的な事件が起きている状況は、西郷がいう、節義廉恥《れんち》の喪失状況が生んだ現象である。これでは国は滅びるぞ、という今のわれわれの持つ危機感に近いものを、西郷は持ったのかもしれない。

だから、「戦国の猛士《もうし》より猶《なお》一層猛《たけ》き心」というのは、私利私欲を棄てて正義に殉ずる心を持った有為な人間が生まれなければならないというのだろう。

なお、普仏戦争の話が出たのは、西郷家の蔵書目録のなかに『悖仏《ふふつ》戦記』があることから、そこからの知識ではないかと思われるが、フランスの諸階級の均衡の上に聳《そび》えたナポレオン三世の帝政は、その政権の維持のために植民地拡大をめざし、派手な外交を展開した。

普仏戦争もそうした外交の延長線上にあったとみてよいだろう。だから、決定的ダメージを受ける前に降伏したのであるが、結局ナポレオン三世は、この敗北の結果、政権から追われてイギリスに亡命することになったのである。

一七　正道を踏み国を以て斃《たお》るるの精神無くば、外国交際は全《まった》かる可《べ》からず

原文

一七　正道を踏み国を以て斃《たお》るるの精神無くば、外国交際は全《まった》かる可《べ》からず。彼《か》の強大に畏縮し、円滑を主として、曲げて彼の意に順従する時は、軽侮《けいぶ》を招き、好親却《かえっ》て破れ、終《しまい》に彼の制を受るに至らん。

訳文

一七　国のために、正しくて道理のあることをとことん実践して、あとは国とともに倒れてもよいと思うほどの精神がなかったら、外国との交際はうまくは運ばない。その国が強大であることに恐れをなし縮こまってしまって、ことが起こらないよ

うにと摩擦を避けて、その国のいいなりになるなら、軽蔑《けいべつ》や侮《あなど》りを受け、好ましい交際はかえって破談してしまい、終《しま》いにはその国の掣肘《せいちゅう》（干渉、横やり）を受けることになってしまうものだ。

❖解説

西郷は、おそらく黒船来港以降の幕府の列強への対応を念頭に述べているのだろうと思う。周知のように一八五三（嘉永六）年六月三日、アメリカの東インド艦隊司令官（准将）ペリーは、軍艦四隻を率いて浦賀《うらが》に来航し、久里浜《くりはま》で大統領の親書（国書）を奉行に伝達して開国を迫り、来春の再来を予告してひとまず沖縄方面へ去っていった。

日本は、オランダからペリーの来航は予告されていたが、有効な対策はなにひとつ立てられないままこの日を迎え、黒船の威力に押されて国書を正式に受け取り、回答を翌年に引き延ばした。

ペリーの去ったあと、ロシア使節プチャーチンが長崎にきて、国境の確定と開国を迫った。老中阿部正弘《あべまさひろ》は、水戸の徳川斉昭《とくがわなりあき》を海防参与に任じて、慣例を破って朝廷にペリー来航を伝え、幕臣だけではなく、大名にも意見を求めたのである。

阿部は、挙国的に難局を乗り切ろうとしたが、幕府の祖法を墨守するという保守的な意見が多く、有効な力にならなかった。この阿部の措置そのものは、これまで幕政の局外に置かれてきた朝廷の権威を一気に上昇させ、さらに公家《くげ》や外様《とざま》大名が幕政に関与できるきっかけとなった。

翌一八五四（安政元）年一月、ペリーは軍艦七隻（さらに二隻後続）を率いて江戸湾深くに侵入し、条約の締結を迫った。幕府はやむなく、日米和親条約（神奈川条約）を結んだのである。

そして、アメリカ船への燃料・食料・石炭の供給のために下田《しもだ》と箱館《はこだて》（函館）を開港すること、難破船や乗組員を救助すること、アメリカ人を下田に駐在させること、そしてアメリカに一方的な最恵国待遇を与えることなどを約束したのである。ついで、ロシアとは、択捉《エトロフ》島と得撫《ウルップ》島との間を日露の国境とし、樺太《カラフト》は両国民の雑居地とすることを取り決めたのである。

ここまで来ると、雪崩を打ったようにことは進行する。一八五六（安政三）年に赴任したアメリカ総領事ハリスは、阿部のあとを継いだ老中堀田《ほった》正睦《まさよし》に、外国との通商を行うことが世界の大勢であると説いて、通商条約の締結を迫った。堀田は、大名に意見を聞いたが強い反対にあい、かつ強硬な攘夷《じょうい》論者である孝明《こうめい》天皇の勅許も得られなかった。

ハリスは、それをみて英仏両国が清《しん》国を屈服させたアロー戦争（一八五六年、イギリス国旗を掲げているアロー号に清朝の役人が乗り込み中国人水夫を海賊容疑でとらえた事件をきっかけにイギリスとフランスが仕掛けた戦争で、首都北京《ペキン》まで占領した。第二次アヘン戦争ともいわれる）のときの軍勢を派遣すると威《おど》した。

堀田に代わって幕政の実権を握った大老井伊直弼《いいなおすけ》は、勅許も得られないまま一八五八（安政五）年六月に日米修好通商条約に調印したのである。これによって、①神奈川・長崎・新潟・兵庫の開港と江戸・大坂の開市、②通商は自由貿易とすること、③開港場に外国人居住区（居留地）を設けて、外国人の居留地から一〇里外には出てはならないこと（内地雑居不可）、④領事に裁判権を認めること、⑤関税率は日本に決定権がなく、両国の協定によって決めること（関税自主権の喪失）が、取り決められた。つづいて、幕府は、オランダ・ロシア・イギリス・フランスとも、同様な条約（安政の五ヵ国条約）、不平等条約を結ばされることになったのである。

さて、ペリーの来航以前、外国船の来港や接近に対しては、幕府内では無二念打ち払いを続けるべきだなどとの強硬論のあるなか、内外の条件を判断して臨機に対応するということがそれなりに明確な方針となった。

この「臨機に」という対応の姿勢が、ペリーの際にもとられ、あるいは突然戦端を開いて決定的な打撃を受ける、という事態を回避しえたのかもしれない。

また、条約の締結によって、治外法権・関税自主権の喪失・最恵国条款という不平等を押しつけられたのも確かであるが、たとえば内地雑居を許さないとしたことなどに日本の主体性の幾分かは反映していたと思われる。

内地雑居を認めた中国においては、内地での商行為がイギリスの軍事力に支えられながら行われることから、租借地は次第に拡大し、やがて蚕食され半植民地状態になる。

日本は、こうした結果を免れた可能性はある。日本には、すでに全国市場ができあがっており、江戸・大坂・京都、いわゆる三都の特権的な商人だけでなく、在郷商人層がその市場を担っていた。したがって、横浜《よこはま》を開港場にすれば、在郷商人が売込商として横浜に出向き、そこで取引をすることができる、こうした経済発展の条件が、内地雑居不可の条項を可能にしたのである。

しかし、一連の幕府の対応は、アメリカ（列強）の軍事力に恐れをなして、不平等を内容とする条約を結ばされたのだとの印象を与えたのは事実であり、加えて天皇の勅許を得ないで条約を締結したことが、尊王攘夷運動展開の導因となったのである。

だから、越前《えちぜん》の松平春嶽《まつだいらしゅんがく》のような開国論者も、ある時期条約は一旦《いったん》破棄して、改めて新しい条約を締結するのがよいとの主張をしたのである。

この場合の「正道」とはいかなるものを指しているのだろうか。幕府の祖法に従うことなのか、そうではない。天から与えられた道を行う国として、アメリカにも、野蛮に振る舞う（一一条参照、四八頁）国ではなく、道を行う国として、対等な関係を結ぶ、そうした姿勢で対するべきであるというのである。そうした姿勢をもたなかったことが、不平等を押しつけられる結果となったのだというのである。

結局、この不平等条約は、王政復古クーデターまでの間に、計一一カ国と結ばれ、その不平等が克服されるまでには相当の時間と労力を要した。治外法権の廃止は日清戦争での日本の勝利を待たねばならず、関税自主権については一九一一（明治四四）年にいたってようやく回復されたのである。

一八　正道を践《ふ》み、義を尽すは政府の本務也

原文

一八　談国事に及びし時、慨然《がいぜん》として申されけるは、国の凌辱《りょうじょく》せらるるに当りては縦令《たとい》国を以て斃《たお》るるとも、正道を践《ふ》み、義を尽すは政府の本務也。然《しか》るに平日金穀《きんこく》理財の事を議するを聞けば、如何《いか》なる英雄豪傑かと見ゆれども、血の出る事に臨めば、頭を一処に集め、唯《ただ》目前の苟安《こうあん》を謀《はか》るのみ、戦の一字を恐れ、政府の本務を墜《おと》しなば、商法支配所と申すものにて更に政府には非《あら》ざる也。

訳文

一八　国事に話が及んだとき、南洲翁は、怒り嘆いて言われた。国が辱めを受けようとしているときは、その身はたおれることも覚悟で、正道を実践し、道義を尽くさなければならない。それこそ、政府の本来の仕事である。

しかし、金銭や穀物あるいは財政・会計に関して日常行われている議論を聞くと、どのような立派な人・優れた人が議論をしているのかと思われるが、血の出るのを覚悟しなければならないような問題になると、鳩首《きゅうしゅ》して、どうしたら安穏に目前のことを処理できるかとばかりを考える。いざとならば、戦争もやむなしとの覚悟もなく、政府の本来の使命を果たさないなら、政府は「商法支配所」といった商いだけを専門にする役所のようなものになって、もはや政府ではなくなってしまうだろう。

❖解説

ここに、おそらく征韓論争のいきさつから得た感慨が述べられたのだろうと思う。この論争については先に少し触れたが、改めて経過を追っておこう。

日本と朝鮮との外交事務は、近世では対馬藩《つしま》を通して、釜山《プサン》に設置された外交施設である草梁倭館《そうりようわかん》で行われた。日本からの書契《しょけい》（書面のこと）は、回答を必要としない「小差書契《しょうさ》」は朝鮮側の礼曹《れいそう》参議という外務書記官クラスの役人に、回答が期待される重要な「大差書契」は礼曹参判《さんはん》という外務次官クラスの役人に渡されるが、いずれの書契も名義は対馬藩主であった。

そして、書契には、朝鮮から贈られた「図書《としょ》」（勘合印）が押されることになっていた。ただ、このような外交関係とは別に、草梁倭館には、対馬藩の相当数の役人や商人が常駐しており、朝鮮（人）とは日常的関係を結び、財政的にも相当の援助を得ていた。

維新政権が生まれると、このような外交関係が維持できなくなった。新政府は、対馬藩に対して、朝鮮に対して日本の王政復古を通告するよう命じ、書契に押す図書を変えさせたのである。図書を変えれば、ことは順調に進まないことは対馬藩は承知の上であったが、まずは、藩主名義の、「先問書契《せんもん》」という、王政復古を知らせる特使（大修大差使）が出向きますとの前触れの書面を携えて、対馬藩の朝鮮方頭役の川本九左衛門《かわもとくざえもん》が釜山に赴いた。

しかし朝鮮は、慣例とは異なるところが多いとして、その「先問書契」すら受け取らなかった。

異なるところとは、名義がこれまでは「日本国対馬州太守拾遺平某《たいしゆしゆうい》」とあるはずが、「日本国左近衛少将対馬守平朝臣《あそん》義達」とあること、図書も「義達」印から「平朝臣義達章」と違うことに加えて、より重要なことがあった。

東アジアの冊封《さくほう》体制下にある国々にあっては、「皇」あるいは「勅」という漢字は、宗主《そうしゅ》国中国の皇帝のみが使用できるものであるのに、「先問書契」には「政権一帰皇室」（政権は一に皇室に帰す）とあり、「大差書契」には「皇祚《こうそ》連綿」とか「皇上登極」「皇上誠意」などと「皇」の字がちりばめられていたのである。

そのまま関係は膠着《こうちゃく》するが、一八七〇（明治三）年ごろには、三年も経つのに国書を受け取らないのは不敬至極だ、国体を辱めるものだから、戦端を開いても文句はあるまいなどとの意見が外務省内部で飛び交いはじめた。三〇大隊もあれば、五〇日で片が付くとまで言うものもいた。

この年四月、外務省は、太政官弁官《だじょうかん》（事務局）に、朝鮮問題に関する伺い書を提出した。三つの選択肢を示して、いずれかを選択してほしいというのである。

第一は、朝鮮と絶交するという策。しかし、この策は、これまでの交誼《こうぎ》を一挙に失ってしまうことになり、「悲嘆限りなき儀」と意見が添えられている。

第二は、「皇使」を軍艦とともに派遣して交渉する策。交渉が不調の場合、そのときは干戈《かんか》を交える、すなわち武力で開国させるという。皇使には木戸《きど》孝允《たかよし》がよいとされている。

第三は、朝鮮は清国を宗主国として従属しているのだから、まず清国に皇使を派遣して「通信条約」等を結んで、帰路朝鮮王朝に迫るという策。中国と条約を結べば、日本と中国は肩を並べることになるのだから、朝鮮はもちろん一等下に位する国となる。それでも朝鮮が「不伏」の場合、「和戦の論」になるが、清国は日本とは条約を結んでいるのだから、朝鮮に援軍を送ってくることはあるまい、などと述べるのである。

名指しされている木戸は、もちろん第二の策を主張したが、政府は第三の策を選択し、翌一八七一（明治四）年に日清修好条規を清国との間で結ぶのである。日本が、初めて締結した対等平等の条約である。条約を結んだとはいえ、帰路、朝鮮王宮に迫ることはなしえなかった。以後も、日朝関係に進展はなかった。すなわち、対馬藩との関係は継続していた。

廃藩置県一年後の、一八七二（明治五）年九月、外務大丞《だいじよう》花房義質《はなぶさよしもと》は、陸軍中佐北村重頼《きたむらしげより》・陸軍大佐別府《べっぷ》晋介《しんすけ》らとともに軍艦「春日」に搭乗して倭館に入り、倭館に留《とど》まっていた旧対馬藩吏を一掃し、倭館を外務省の管轄下に置いた。

ところが、新政府の管轄下になったとたんいかがわしいことが起きる。翌明治六年、外務省の後援を受けて倭館に入った三井の商人が、ここを拠点に密貿易（潜商）を始めたのである。朝鮮側は、この潜商取り締まりの強化を狙って「伝令書」を掲示したのである。

この「伝令書」を、外務省一五等出仕の東田《つかだ》伊良が「一見いたし、全文は覚え兼候《そうら》へども、大意書取」、外務省七等出仕で倭館詰めの広津《ひろつ》弘信《ひろのぶ》に差し出した。それを広津は「報告書」に添えて外務省に送ったのである。広津は、「文中無礼の言あひ見え、若手には憤り候《そうろう》ものも候《そうら》へども」と書き添えてあった。

この「伝令書」には、「彼れ制を人に受くるといへども恥ぢず」、あるいは「近ごろ彼の人の所為を見るに、無法の国といふべし」、さらに「すべからくこの意をもつて、彼中の頭領の人を洞諭して、妄錯して事を生じ以て後悔あるに至らざらしめよ」などと日本への非難の言葉があったという。

ところで、この広津から外務省に送られた「伝令書」は、それ自身東田が自らの記憶をもとに書き記したもので、正確なコピーではない。およそ四〇〇字の漢文が、正確に記憶されたという保証はない。しかも、その「伝令書写」の原本も今は残されていない。いくつか写し取られて、「癸酉《みずのととり》五月（欠）日」付の「伝令書」が残され伝えられたと考えられる。

この「伝令書」を火種にして、征韓論争が始まるのである。外務省は、一八七三（明治六）年六月か七月ごろ、太政官に朝鮮議案を提出し、このようなことがつづくなら、もはやこの儘《まま》にはしておけない、断然「出師《すいし》」（出兵）の処分が必要である。

とはいえ、兵事となると重大事なので、まずはわが人民保護のため「陸軍若干・軍艦数隻」を派遣し、もし事を構えるようなことになったら、九州鎮台に応援を頼み、かつ使節を派遣して「公理公道」をもって談判すべきだ、と述べるのである。

この閣議に出席したのは、三条実美《さんじょうさねとみ》太政大臣と、西郷隆盛・板垣退助《いたがきたいすけ》・大隈重信《おおくましげのぶ》および、この四月に参議に任じられた大木喬任《おおきたかとう》・江藤新平《えとうしんぺい》・後藤象二郎《ごとうしょうじろう》の七名であった。

最初に口を開いたのは板垣である。彼は言う。わが良民を見殺しにはできない、居留民保護を目的に一大隊を釜山に送るべきだ。これは、英仏の軍艦が横浜港に停泊している（これは一八七五年まで続けられた）ことと同じで正当防衛に属する、修好の談判は後日でもよい、と。

まくしたてる板垣を西郷がさえぎって言う。直ちに兵を動かせば、日本国は朝鮮国を飲み込んでしまおうとしていると、思われるだろう、それでは不都合だ、だからまず、全権の使節を派遣して、京城《けいじょう》の朝鮮国政府と談判して、自分の態度が悪かったと謝らせればよい、と主張するのである。

すると、三条は、西郷に賛成して、しかし、大使は軍艦に乗り兵を率いていくのがよいというので、西郷は、いや兵は率いずに礼冠礼装、すなわち烏帽子《えぼし》直垂《ひたたれ》を着し、礼を厚くしていくべきだと反論、これには板垣も翻意して賛成した。

ほかの参議も、西郷に賛成して、大勢は西郷の主張どおりになったが、三条はことは重大であるからということで、可否の決定は行わなかった。

さて、使節を派遣するということでは、閣議はまとまりつつあった。では誰を使節とするかが問題だが、日清修好条規の批准書の交換あるいは、台湾に漂着した琉《りゆう》球《きゆう》島民殺害問題などで清国に渡っていた副島種臣《そえじまたねおみ》が帰国し、朝鮮への使節には自身を任じられたいと申し入れ、三条も副島が適任だと思いはじめていた。

そのようななか、西郷は七月二九日、板垣に宛てて手紙を書いた。すなわち、兵隊を先に遣わしたなら、朝鮮国は引き揚げるよう申し立ててくるだろう、それを拒めば戦争になるは必定、そうすれば日本が挑発したと思われるだろう。だから断然使節を先に立てるのが上策だ、使節を送ればきっと朝鮮は暴挙に出、使節を暴殺するだろう、これは確かなことだ。ついては、その使節は自分にやらせていただきたい、副島ほどにはできないが死ぬぐらいのことはできますから、と言うのである。

そして、副島にも直談判《じかだんぱん》して使節派遣と決まれば、使節は西郷ということで了解を得た。三条へも頼み込んだ。

そして、閣議の行われる八月一六日の朝、西郷は板垣にだめ押しの有名な手紙を書いた。次のように言う。

この節は、戦いをすぐさま始めようというのではありません。戦いは二段になっております。これまでの行きがかりでも、公法から見ても、討つべき道理はありますが、言い訳しなければわかってもらえないほどのことでしょう。

だから、まったく戦う意志を持たないで、どうして隣同士の交際を薄くするのかと責め、これまでの不遜《ふそん》を糾《ただ》し、今後は交際を厚くするという意志を示してくれるようにと願って使節を派遣したほうがよい。そうすれば、朝鮮は、軽蔑の振る舞いをするだけでなく、きっと使節を暴殺するでしょう。

そうなると、天下の人はみな、日本が朝鮮に向けて兵を出しても、それはもっともだと思うでしょう。ぜひそこまではもっていかなければ済まない、今はそのような時期なのです。

と。そして、これは、「内乱を冀《ねが》う心を外に移して、国を興すの戦略なのだ」と言い、さらに、旧幕府が「無事であることを願って、結局機会を失し」たのだと指摘するのである。

この手紙のなかで、最も重要なのは、使節を派遣すると、朝鮮は軽蔑の振る舞いをするだけではなく、その使節を暴殺するだろうと言っていることである。この使節は、ただの使節でない。礼冠礼装、すなわち烏帽子直垂を着した「勅使」として朝鮮に赴くのである。

これは、朝鮮がこれまで新政府との交渉を拒んできた理由、すなわち日本の天皇の名による交渉を受け容《い》れることは、日本を中国同様の宗主国と認める、すなわち朝鮮が日本に服属することを承認することを意味するからである。

もちろん、朝鮮が中国との宗主国―朝貢国関係を清算するのであれば、問題は生じないが、あくまでその関係を継続している以上、朝鮮にとっては拒否せざるをえない。にもかかわらず、日本が「勅使」を派遣してくるとなると、ただでは済まないだろう。勅使が暴殺されるだろうとの西郷の推測を、閣議の誰も否定していない。西郷の提案は、こうした東アジアの華《か》夷《い》秩序を承知の上での提案なのである。つまり、西郷が礼冠礼装で朝鮮に乗り込む、朝鮮は水際でそれを阻止しようとする、日本（西郷）は無理を通す、そして使節暴殺という重大事件が発生する。

西郷は、このようにシナリオを描く。ただ、このシナリオどおりに行かないことも考えられる。そのときのために、陸軍少佐別府晋介に依頼して短銃を手に入れた。

これを持って死ぬためであろう。こうして、誰が見ても、国際的に見ても、朝鮮の非は明らかとなる。大義は日本にある。征韓の挙兵だ。板垣さん、私は死にますから、あとは頼むよ、と西郷は板垣に手紙を書いたのである。

翌日の閣議は、西郷の思惑どおり、西郷を使節として派遣することを決定した。西郷は、このときの決意を次のように詠《うた》っている。

　蒙使於朝鮮国之命　　朝鮮国に使いするの命を蒙《こうむ》る
酷吏去来秋気清　　酷吏《こくり》去り来たって秋気清く
鶏林城畔逐涼行　　鶏林《けいりん》城畔涼《りょう》を逐《お》うて行かん
須比蘇武歳寒操　　須《すべか》らく比《ひ》すべし蘇武《そぶ》歳寒《さいかん》の操《みさお》
応擬真卿身後名　　応《まさ》に擬《ぎ》すべし真卿身後《しんけいしんご》の名《な》
欲告不言遺子訓　　告げんと欲して言わず遺子《いし》への訓
雖離難忘旧朋盟　　離ると雖《いえど》も忘れ難し旧朋《きゅうほう》の盟《ちかい》
胡天紅葉凋零日　　胡天《こてん》の紅葉凋零《ちょうれい》の日
遥拝雲房霜剣横　　遥《はる》かに雲房《うんぼう》を拝すれば霜剣《そうけん》を横たえん

（猛暑が過ぎて、秋の気配がすがすがしい。私は朝鮮の京城のほとりに涼を求めていく。かつて漢の蘇武《そぶ》が武帝の命を受けて匈奴《きょうど》に使いして囚《とら》われ、降伏を迫られるも、それを拒んで一九年もの間厳寒の荒野で忍従を強いられた蘇武の節操にも比して劣らぬ節操をもち、また叛臣李希烈《はんしんりきれつ》に使いして殺されるも後世に名を残した顔真卿《がんしんけい》にも劣らぬ名を残そう。子どもには言い遺《のこ》したいことがないではないが、言うのはよそう。離れているとはいえ旧友との誓いは忘れはしない。朝鮮の地の紅葉がしぼみ落ちるころ、私は遥かに宮城を拝しつつ鋭い剣を前に従容として死に就こう）

そして、板垣には、「実に先生の御蔭を以て快然たる心持ち始めて生じ」、「病気も頓《とみ》に平癒、条公（三条太政大臣）の御殿《ごてん》より先生の御宅迄飛んで参り候仕合《しあ》い、足も軽く覚え申し候。もふは横棒の憂いもこれある間敷《まじき》、生涯の愉快此の事に御座候」と書きおくっている。もう横槍《よこやり》は入らないだろうと、西郷は期待したが、そのようには行かなかった。

三条は、箱根の行在所で、閣議の次第を上奏したが、岩倉使節団の帰朝を待って、さらに熟議すべきであるということになった。そして、岩倉使節団が帰国して、一〇月一四日改めて閣議が開かれることになった。その後のことは、すでに述べたところである。結局、西郷の思いは遂げられなくなったのである。
そのときには、次の詩を詠んでいる。

辞闕

独不適時情　　独り時情に適せず
豈聴歓笑声　　豈《あに》歓笑《かんしょう》の声を聴かんや
雪羞論戦略　　羞《はじ》を雪《そそ》がんとして戦略を論ずれば
忘義唱和平　　義を忘れて和平を唱う
秦檜多遺類　　秦檜《しんかい》遺類《いるい》多く
武公難再生　　武公《ぶこう》再生し難し
正邪今那定　　正邪今那《なん》ぞ定めん
後世必知清　　後世必ず清を知らん

（私ひとり、時の時情に合わず、どうして一方の歓び笑う声を聞いていられようか。国辱を雪《そそ》ごうとして、そのための戦略を論じると、大義を忘れて和平策を採ったほうがいいと言う。宋《そう》〈南宋〉の高宗に用いられた宰相秦檜《しんかい》は、国内では政権をほしいままにし、外にむかっては宋〈北宋〉を靖康《せいこう》の変で滅亡させた金に対して、恥を雪ぐこともしないで和平策を採った。死後も秦檜の残党は多く、岳飛《がくひ》〈武公〉は、金に対して主戦を叫んだために秦檜によって無実の罪で投獄され殺されたが、このような人物が再び世に出ることは困難だ。どちらが正しくてどちらが過っているか今どうして決めることができよう。後の世になって、必ず私の主張の正しさが明らかになろう。あの秦檜が姦臣《かんしん》とされたのに対して、岳飛の嫌疑が晴れて顎王《がくおう》に追封され、救国の英雄として岳王廟《がくおうびょう》に祀《まつ》られたように）

もちろん、西郷は自分を岳飛に、そして、大久保利通《おおくぼとしみち》や岩倉具視《いわくらともみ》を秦檜に見立てているのである。

そして、鹿児島に戻っては、「獄に在っては天意を知り、官に居ては道心を失う」（獄にいたときは天の意志のあるところがよく理解できたが、官吏でいると天の道を感得する心を失ってしまう）と詠んでいる。失意の深さが知れる。

さて、西郷は、「伝令書」に示された朝鮮の日本に対する批判をもって、朝鮮が日本を辱めていると理解したのである。もちろん、これまでの朝鮮の、新政府の働きかけに対する頑迷と見える態度が前提にあったのであろうが、西郷の認識は正しかったのだろうか。

第一に、広津弘信によって太政官に提出された「伝令書」について、それが正確なものであるか、朝鮮の真意を伝えているものであるかについての吟味を行ったのだろうか。

外務省一五等出仕の東田伊良が「全文は覚え兼候へども、大意書取差出候写一通差上申し候」と言って、広津は、その「伝令書」を提出しているのである。この写しを国際問題の根拠とするためには、その真偽を尋ねるべきではなかったか。西郷が、それを行っている形跡はない。

第二に、この「伝令書」は、「潜商《せんしょう》」取締を目的に張り出されたものである。草梁倭館から旧対馬藩の役人たちを追い出して、それを新政府の管轄にするのを待っていたかのように、三井の商人が入り込んで密貿易を始めた。これを「潜商」として朝鮮は非難したのである。こうした「潜商」は、西郷が最も嫌悪する存在ではなかったか。

第三に、朝鮮が、「潜商」を批判するのにこと寄せて、日本が欧米の圧力を排除しようともしないで、かえって丁髷《ちょんまげ》を切って、洋服を着用するなど、無批判に欧風化しているとみえるものを、「彼れ制を人に受くるといへども恥じず」と非難したからといって、目くじらを立てることはないだろう。いや、この批判は、西郷の時世批判とはむしろ合致しているのではないか。

では、なぜ西郷は、このことをもって征韓を主張したのだろうか。この日本批判を、ほかでもない朝鮮がしたからだ、と考えられるだろうか。これが、西郷ではなく、たとえば木戸孝允であったとすれば、そのとおりだと、答えてもよいだろう。というのは、木戸には、師匠吉田松陰《よしだしょういん》ゆずりの朝鮮蔑視《べっし》感が認められるからである。しかし、西郷の残したものからそれを見出《みいだ》すことは困難である。おもしろいことに、明治六年の征韓論争では、木戸はそれの反対に廻《まわ》っているのだから、まったく逆転の現象をみるのである。

この問題を解決するのは、やはり西郷が板垣に書いた手紙のなかの文言、「内乱を冀《ねが》ふ心を外に移して国を興すの遠略」の理解だろう。

なぜ内乱を起こしたいのか。これは士族が、旧幕時代には持っていたさまざまな特権、苗字《みょうじ》帯刀や俸禄《ほうろく》や、他の三民に対する生殺与奪の権、こうしたものを維新以来つぎつぎと失ってきた。ここに不満は高まった。いわゆる不平士族の登場である。もはや辛抱できない、このままなら反乱だ、と、内乱を願うほどに士族の不満は高まったのだと長く思われてきた。だから、「外に移して国を興す」、すなわち征韓によって国を興すのだという。どのような国か、以上の理解を前提にすれば、当然、封建社会を今一度、ということになろう。士族の特権が回復された社会であれば、再び封建社会に逆戻りさせたいと、士族は考えているということになる。その、士族の棟梁《とうりょう》として、西郷が嘱望されたし、西郷自身もそのために身を捨てようと言っているというのだ。

しかし、西郷が封建社会への逆戻りを願っているなどというのが誤りであることは、これまで述べてきたことから明らかだろう。西郷の参議就任と、西郷が薩摩から連れてきた軍隊を中心とする御親兵があって初めて廃藩置県は実現できた。

廃藩置県は、封建的領有制の廃止を意味しているのだから、百姓が土地に縛り付けられることもなくなる、土地の売買も公然と許され、職業選択も自由になり、当然居住地も変えられる、このような変革が矢継ぎ早に行われるのは、その大本《おおもと》が崩れたからである。

そして、士族の家禄もまた、廃止される運命にある。西郷は、国債を募集してでも秩禄を処分すべきだと主張していたし、徴兵軍隊をつくれば、士族が刀を持ち歩いているのは不都合になる、というように、士族の不平を創り出す政策に、西郷自身が加担していたのだから、そうして生まれた不平士族を集めて反乱するというのは、どう考えても理解に苦しむのである。

だから、結論をいうと、政治の実権が大久保だとか岩倉・三条などわずかな人間に握られてしまっている状態、私はこれを有司専制と呼んでいるが、この状態に対する不満が、「内乱を冀ふ心」なのである。

　この有司専制は、留守政府をも支配していた。岩倉使節団は、出ていくときに、留守政府に誓約書を書かせている。つまり、留守政府は、新規の政策を行わない、どうしても必要なときは外遊中の使節団に相談の上行うこと。岩倉以下大勢の役人が外遊するのだから、人手不足になるかもしれないが、人事の補充はできる限りしないこと、を約束するのである。

　留守中のシナリオは、あらかじめできあがっているのである。そのシナリオどおりやるべし、と言うのである。つまり、留守政府の主体性は、大筋のところ認められていないのである。留守中に、このことに対する不満がふくらんでくるのである。この不満のはけ口を朝鮮問題に求め、征韓戦争の指導権を西郷や板垣たちが握ることで、有司専制を打破しようというのである。

　しかし、西郷がいわば権力闘争をしようとしていたのかといえば、そうではないであろう。シナリオでは、西郷は死ぬのであり、戦争は板垣に任せたと言っている。

西郷が期待しているのは、天皇への権力の集中なのである。有司専制は、天皇を「幼沖に在らせられ」る、すなわちまだ幼いことを理由の一つに、国家意志の決定・遂行・人事など国家の枢要な部分を独占している国家統治のあり方をいうのである。西郷は、これを打破して、天皇への権力の集中をめざしたのだと思うのである。

したがって、この征韓論争は、国内の権力のあり方が論点であって、朝鮮問題それ自身にあるのではないのである。だから、「伝令書」についての吟味がおろそかであったのである。その意味では、西郷も、必ずしも明確な形はとっていないにせよ、潜在的に、朝鮮についての蔑視感があったとみなければならないと思うのである。西郷のこれまでの主張からいえば、道を実践している国、すなわち文明国として朝鮮に対するのならば、軍事力で威圧するなどという野蛮な行為は避けられなければならなかったはずである。

西郷に、「国を以て斃《たお》るゝ」の覚悟があったことは確かであるが、征韓が、国内における天皇への忠誠としての行為ではあっても、朝鮮に対しては「正道を践み、義を尽す」態度ではなかったとみるべきである。

一九　自分を足れりとせざるより、下下の言も聴き入るるもの也

原文

一九　古より君臣共に己れを足れりとする世に、治功《ちこう》の上りたるはあらず。自分を足れりとせざるより、下下の言も聴き入るるもの也。己れを足れりとすれば、人己れの非を言へば忽《たちま》ち怒るゆゑ、賢人君子は之れを助けぬなり。

訳文

一九　昔から、主君は主君で自分は完全無欠だと考え、臣下も今のままで充分だと満足に思っておれば、政治の効果は顕《あらわ》れないものだ。主君は、自分が完全無欠だと思っていないからこそ、民衆の言葉にも耳を傾けることができる。完全無欠だなどと自分が思っているから、人からその非を指摘されるとすぐに怒り出してしまう。

だから、賢人や君子もそのような人は見限って、助けようとはしないものなのだ。

❖解説

西郷がここに指摘するような、主君も家臣もともにこれで満足だと思えるようなときが、薩摩藩や幕府、あるいは新政権にあったかどうかと振り返るが、見あたらない。これは、主君と家臣との関係についての教訓だから、「下下」とあるのは、家臣であって、一般民衆を指しているのではなかろう。

ただ、幕末維新期の政治過程をみるとき、とくに天保期以降、アヘン戦争のニュースが日本に伝えられ、何やら世界にとてつもない変動の予感がある。こんなときに、藩政府に用いられることもない軽輩の中に、また若い家臣たちをふくめてそれぞれの家臣の中に、じっとしていられない、として、原理主義的に朱子の原典に当たって勉強し直したり、情報を交換したりする勉強会・学習会・研究会、あるいはより行動的組織が生まれる。

薩摩藩の近思録派といわれる組織や、土佐のおこぜ組、あるいは誠忠組《せいちゆうぐみ》といった組織である。

こうした家臣団の中の動きを察して、そのなかから有能なものを選び出して、藩政に起用し、彼らに活動の舞台を与えることができるかどうか。これが、維新変革過程でその藩が雄藩として登場できるかどうかの鍵《かぎ》を握っているといっても差し支えないのである。

西郷は近思録派に属していた。それを島津斉彬《しまづなりあきら》が抜擢《ばってき》したのであるし、おこぜ組は土佐藩の藩政改革を推進したのである。越前の松平春嶽《まつだいらしゅんがく》は、中根雪江《なかねせっこう》などの意見を聞いて橋本左内《はしもとさない》を抜擢した。

一方、そうした家臣団の動きを、煩《わずら》わしいと思い、それを排斥した藩は、大きな変革を前にたじろぎ、結局追随していくことになるのである。たとえば、横井小楠《よこいしょうなん》を疎んじた肥後藩がそうである。肥後藩では、弘化四年（ごろと思われる）に目附から選挙方（人事）に、御用人御近習《きんじゅう》や若殿様御近習あるいは御奉行・学校御目附・御郡代《ぐんだい》・諸町奉行などの要職に「実学連《じつがくれん》」の者は事実上就かせないようにとの書付（永青文庫中の「密書輯録」）が出されている。

西郷は、あるいは、島津久光《しまづひさみつ》を念頭に置いて発言していたのかもしれない。

二〇　人は第一の宝

原文

二〇　何程制度方法を論ずるとも、其の人に非《あら》ざれば行はれ難し。人有りて後ち方法の行はるるものなれば、人は第一の宝にして、己れ其の人に成るの心懸け肝要なり。

訳文

二〇　どれだけ制度や方法について議論したところで、それを行う適任者がいなければ行われない。その人がいて初めてその方法が行われるのだから、まずは適任者こそが第一の宝であって、自らがその適任者になろうとする心がけが大事なのだ。

❖解説

これは一条、二条とともに、触れたところである。

二一　敬天愛人

原文

二一　道は天地自然の道なるゆゑ、講学の道は敬天愛人を目的とし、身を修するに克己《こっき》を以て終始せよ。己れに克《か》つの極功《きょくこう》は「毋意毋必毋固毋我《いなしひつなしこなしがなし》」（『論語』）と云へり。総じて人は己れに克つを以て成り、自ら愛するを以て敗るるぞ。能《よ》く古今の人物を見よ。事業を創起する人其の事大抵十に七八迄は能く成し得れども、残り二つを終り迄成し得る人の希《ま》れなるは、始は能く己れを慎み事をも敬する故《ゆえ》、功も立ち名も顕《あら》はるるなり。功立ち名顕はるるに随《したが》ひ、いつしか自ら愛する心起り、恐懼《きょうく》戒慎の意弛《ゆる》み、驕矜《きょうきょう》の気漸《ようや》く長じ、其の成し得たる事業を負《たの》み、苟《いやしく》も我が事を仕遂《とげ》んとてまづき仕事に陥いり、終《つい》に敗るるものにて、皆な自ら招く也。故に己れに克ちて、睹《み》ず聞かざる所に戒慎するもの也。

訳文

二一　人が踏み行うべき道は、天から与えられた道理であって、上に天があり下に地があるように、当たり前の道理であるから、学問の道は天を敬い人を愛するということを目的として、身を修め、つねに己に克《か》つこと（意志の力で自分の衝動や欲望を制御すること）に努めなければならぬ。

己に克つための極意は、『論語』に「意なし、必《ひつ》なし、固《こ》なし、我《が》なし」、すなわち、私欲を貪《むさぼ》る心をもたないこと、自分（我）を必ずとおそうとはしないこと、こだわりの心をもたないこと、さらに独りよがりにならないこと、の四つをつねに心がけることである。

全体に、人は自分に克ってこそ成功するのであって、自分を甘やかそうとすればきっと失敗するものなのだ。古今の人物をよく観察してみればよい。何か事業を始める場合、人はその七割から八割まではうまくやるのであるが、残り二、三割といったところで、それをなかなか終えられない。

このように最後まで成し遂げる人が稀《まれ》なのは、はじめのうちは己を慎み、その事業をも大事にするからで、その結果、手柄も立て名も世に知られるようになる。しかし、手柄も立て名も知られるようになると、知らぬ間に己を甘やかす心が生まれ、恐れたり慎んだりという心が緩み、驕《おご》り高ぶる気持ちが次第に大きくなる。成功したことを自惚《うぬぼ》れて、分をわきまえず自分の思いどおりに事をし遂げようとして、かえって出来の悪い仕事をしてついに失敗する。これはみな自ら招いた災厄なのだ。

だから、自分にうち克って、実際には誰の目にも見えず、耳にも聞こえないところで、戒めの心、慎みの心を持つことが必要なのだ。

❖解 説

頭山満《とうやまみつる》（立雲《りつうん》先生）は、この条について次のように言っている。

『天を敬し人を愛す』、ここが南洲翁の大眼目ぢやらう。世の中を渡るの道は此の『敬愛』の二字で尽きとる。親子の間でも、夫婦の仲でも、兄弟同士でも、町内つきあひでも、広くは国際間の交際であらうと、別に変つたことではないのぢや。自分より眼上のものを敬ひ、幼いものを愛して行きさへすれば、一家は安穏、天下は泰平ぢや。

南洲先生が『敬天愛人』を教へられたのは、寔《まこと》に天下の大道で、此道さへ踏み違へなんだら、人に後ろ指をさされるやうなことはあるまい。兎角世の中には『天を恨み人を憎む』といふ方が多くてのウ。ともすると『天道是か非か』なんどといつて天道さままで恨むことになるのぢや。

このような説明でもよいことはよいが、この「敬天愛人」については、やはりもっと説明が必要だろう。

というのは、「敬天愛人」は、西郷隆盛の生涯を貫く思想を最も簡潔に表現した句であるといわれるからである。そして、西郷は、その「敬天愛人」と自ら揮毫《きごう》した書幅をいくつも残しているからである。

「敬天愛人」揮毫の時期

この「敬天愛人」の書幅は、「南洲書」の署名を持つもの持たないものをふくめて、西郷自筆であることが確実なものは、小田正治《おだまさはる》によれば一〇幅あったことが確認でき、うち九幅が今もその存在を確認できるという。

その九幅につき、書体・印鑑等についての詳細な考証の結果、これらはみな、一八七四（明治七）年後半から翌七五（明治八）年九月までの間に揮毫されたものであるということであった（小田「『敬天愛人』の遺墨について」西郷南洲顕彰会『敬天愛人』第一号）。

したがって、「敬天愛人」という思想を西郷が獲得したのも、比較的晩年になってからであることが想像されるが、その由来については、これまでも種々議論されてきたところである。

「敬天」といい、「愛人」といい、儒学の学統のなかでは、よく使われた言葉であり、豊後《ぶんご》国日田《ひた》の広瀬淡窓《ひろせたんそう》の咸宜園《かんぎえん》では「敬天」を教学の根本としていた。

しかし、「敬天」と「愛人」を一句にまとめて「敬天愛人」と表現した儒者は、少なくとも江戸末期まではいなかったようである、と井田好治《いだよしはる》はいう（井田「敬天愛人の系譜」『敬天愛人』第二号）。

また井田も指摘しているように、西郷が明治維新以前に、「敬天愛人」という言葉を使った形跡はない。したがって、西郷が、「敬天愛人」という言葉に込めた思想を手に入れたのは、維新以後の、あるいは書幅への揮毫の時期に近いころであったのではないかと思われる。

「敬天愛人」という言葉をふくむ遺訓のこの文章は、征韓論争破裂後郷里にある西郷を訪ねて鹿児島を訪れた赤沢経言《あかざわつねこと》・三矢藤太郎《みつやとうたろう》（明治七年一一月来鹿）、あるいは、翌八年五月に鹿児島を訪れた菅実秀《すげさねひで》・石川静正《いしかわかずまさ》らに話した言葉だろうと思われる。

中村正直の「敬天愛人」

では、西郷の「敬天愛人」はどこに由来するのだろうか。井田は、サミュエル・スマイルズ原著『セルフ＝ヘルプ』（一八五九年）を、中村正直《なかむらまさなお》が訳出して発刊した『西国立志編』だと推測する。

『西国立志編』は、一八七〇（明治三）年一一月までにその翻訳が完了して、翌一八七一（明治四）年七月までに全一三編全一一冊が刊行された。

中村は、一八六六（慶応二）年一〇月二六日（陰暦）に幕府遣英留学生取締の役で留学生一二名を連れて渡英し、ヴィクトリア朝時代のイギリスの繁栄を目の当りにして、イギリスを日本のめざす理想郷と認識し、その根底にあるキリスト教に魅せられて帰国したという。

彼が日本に帰り着いたとき（慶応四年六月二一日）、江戸はすでに開城し、慶喜は水戸に退去し、新政府軍（官軍）は、会津藩《あいづ》と奥羽越《おううえつ》列藩同盟を東北戦争で追いつめている最中であった。

わが徳川宗家は家達《いえさと》が継ぎ、駿河《するが》府中の城主として静岡に移っていた。中村もあとを追い、静岡で静岡学問所の教授として教育にあたったが、もはや展望を失い、落魄《らくはく》の境にある旧幕臣に対して、自主・自由や職業の神聖、また誠実・勤勉などの精神的・倫理的精髄を示して、かれらの立ち直りを期待して、この本を訳出・刊行したのだという。

その訳書の「緒論」のなかで、中村は、次のように述べている。

シコウシテ百姓ノ議会、権最モ重シ。諸侯ノ議会、コレニ亜《つ》グ。ソノ衆ニ掄《えら》バレ、民委官《メンバーオブパーリメント》タル者、必ズ学明ラカニ行ナイ修マレルノ人ナリ。天ヲ敬シ人ヲ愛スルノ心有ル者ナリ。己《おのれ》ニ克《か》チ独リヲ慎ムノ工夫有ル者ナリ。

と、衆の撰挙によって、議会の「民委官」、すなわち議員に選ばれる者は、学を修め、「天ヲ敬シ人ヲ愛スル」の心を持った者で、私欲を捨て、われ一人のことだけを考えるようなことをしない努力をしている者だ、といい、また、

余又近ゴロ西国古今儁傑《しゆんけつ》ノ伝記ヲ読ミ、ソノ皆自主自立ノ志有リ、艱難辛苦《かんなんしんく》ノ行ナイ有リ、天ヲ敬シ人ヲ愛スルノ誠意ニ原《もと》ヅキ、以テヨク世ヲ済《すく》イ民ヲ利

スルノ大業ヲ立ツルヲ観テ、益々以テ彼ノ土文教昌明、名四海ニ揚ガル者ハ、実ニ其ノ国人勤勉忍耐ノ力ニ由《よ》リテ、其ノ君主得テ与《あずか》ラザルコトヲ知ル有リ。

と、西洋の古今のすぐれた人の伝記を読むと、みな自主自由の志をもち、苦労を経験し、「敬天愛人」の誠意によって、民を救い民のために大仕事をしている。これをみると、西洋の文教が明らかになるだけではなく、その名が世界に響くのは、その国の人々が勤勉と忍耐をもって、その君主を支えているからだということがわかる、と述べるのである。

では、中村正直は、このとき初めて「敬天愛人」を使ったのかといえばそうではない。すでに、明治元年に「敬天愛人説」という一文を草していたのである。中村は、キリスト教の神（God）を儒教の立場から理解しようと試みるが、「敬天」と「愛人」について、次のように述べている。

天者《は》我ヲ生ズル者《もの》、乃チ吾父ナリ。人者《は》吾ト同ジク天ノ生ズル所為《た》ル者《もの》、乃チ吾兄弟ナリ、天其レ敬セザル可ケンヤ、人其レ愛セザル可ケンヤ。何ゾ天ヲ敬スルト謂《い》フ。曰《いわ》ク、天ハ形無クシテ知ル有リ。質無クシテ在ラザル所無シ。

其ノ大外《そと》無ク其ノ小内《うち》無シ、人之言動、其ノ昭鑒《しょうかん》（照覧《しょうらん》）ヲ遁レザルコト論勿《な》シ。…是ニ由テ之ヲ観ルニ、天ヲ敬スル者、徳行之根基《こんき》ナリ。国天ヲ敬スルノ民多ケレバ、則《すなわ》チ其国必ズ盛《さか》ンニ、国天ヲ敬スルノ民少ケレバ、則チ其ノ国衰《おとろ》フ。

（天は私を産み落とした父であり、人もまた天が生んだ者であるから兄弟である。だから、天は敬うものであり、人は愛すべきものだ。天を敬うとはどういうことか。天は形はないけれどもみながその存在を知っており、質は見えないが至る所に存在している。無限に大きく無限に小さい、人の言動は、天がみなご覧になっている。であるから、天を敬うことは徳目の実践の基礎である。その国に、天を敬う民が多い国は盛んになり、天を敬う民が少ない国は衰えるのである）

岩崎允胤《いわさきちかつぐ》は、これについて、中村の「敬天愛人」に宗教性を感じること、それとともに、宗教を道徳性の根基として重視する思想があると指摘する。

しかし、中村にとって「天」は、宇宙創造の神ではなく、万物の生成発展の主宰者にとどまっていると説明している（高橋昌郎《たかはしまさお》『中村敬宇《けいう》』一九八八年、吉川弘文館、岩崎允胤『近代日本思想史序説明治期前篇』上、二〇〇二年、新日本出版社）。すなわち、中村の「天」は、キリスト教の匂いはするが、キリスト教の「天」ではない、やはり朱子学のそれに近いと思われる。

この中村の『西国立志編』は随分読まれた本であるから、西郷もそれを手にして、啓示を受けた可能性は大きい。しかし、西郷は、あくまでも儒教の中にそれを消化して、「敬天愛人」と西郷の言葉で表現したとみるのが妥当だろう。

だからこそ、西郷は、「敬天愛人」のあとに、「克己」を課題として提示して、その極意を『論語』で説明するのである。そこでまず、「天」について、考えつつ、西郷のいうところを理解しよう。

儒教の「天」

天は、中国の古代では、人間界に対して支配力を持つ、偉大な力を持つものと考えられて、崇敬・畏怖《いふ》の対象となっていた。

その天上にあって、支配力を持っていたものを殷《いん》代では「帝」「上帝」などと称していたが、殷から周《しゅう》の代に、この「帝」「上帝」は「天」と称されるようになり、ここに「天」の観念が明確な姿を現してきたのである。

すなわち、天は人間界にその力を及ぼすとともに、人間界に重大な関心（「天意」）

をもち、その関心を「天命」として、有徳の天子に下すのである。この天子は天意あるいは天徳を代表するものであるから、この天子を通じて天意・天徳が実現されるというのである。

ここから、天子の位を、たとえば堯《ぎょう》が舜《しゅん》に、舜が禹《う》にその位を譲り渡したように、天意を代表し天徳を示現するものに受けつがれるとする禅譲《ぜんじょう》思想、逆に天意・天徳を代表するに足らないものは放伐《ほうばつ》してもかまわないとする放伐思想が生まれたのである。

この放伐思想は、よく知られているように、孟子によって、天命を革《あらた》めるという「革命」思想と唱えられ、この革命の天の意志は、人民の声に現れるとされたのである。

ついで、前漢の武帝のとき、董仲舒《とうちゅうじょ》という儒者がでて、武帝の統一国家を理論づけるものとして天人相関論を主張した。すなわち、王というものは、天意を受けて、民を善にすることを任務とするものだ、言い換えれば、君主権は天意に由来するものであるとされたのである。

この考えの根幹には、天と人とが、陰陽、五行（木・火・土・金・水の五つの気）を媒介にして感応するという天人相関の観念があったので、そのように呼ばれたのである。
ともあれ、武帝は、この思想を受け容《い》れて、儒教を国教としたのである。

儒教の基本的教義

その国教とされた儒教の基本的教義は、第一に、五倫といって、君臣・父子・夫婦・兄弟・朋友の身分血縁的秩序が、あるべき人間関係の秩序であり、この秩序を維持するのに必要な道徳＝徳目が、仁義礼智信（五常）であるということ。

第二に、君子は、この五常を体得して（修己という）、五倫の秩序を維持するのが務めであるということ。

第三に、この五倫の秩序の根拠は天にあり（これを天人合一という）、前述したように、天は有徳者を天子に任命し、天に代わって徳治させる（徳治主義）ということ。

第四に、だから天子は人民を、この秩序に従わせるようにつねに教化しなければならない（教化主義）ということ。

そして、最後に、これらの教義は聖人の道で、経典・経書に述べられていることである（経書解釈学＝経学主義とよばれる）というにあった。このように、儒教は修己治人を目的とする治者（君子）の道徳＝政治理論であるといわれるのである。

ところで、この董仲舒の政治思想のなかに、たとえば、君主が徳を失って失政を行ったり、あるいはその萌芽《ほうが》が見えたとき、天は災害を起こして君主を咎《とが》め、なお気づかないときは「災異」を起こして驚かし、それでも恐れないときはついに君主と国家に災いが起こるという思想がふくまれていた。このところ頻発する大地震や大水害などは、あるいは天の意志ではないかと、われわれも時として思うのであるが、そのようにして警告するのである。

どういうことかというと、「天の仁」といって、本来天は人を貶《おとし》めるのを欲しないから、さまざまな警告を発して、君主が天意に帰る主体的努力をすることを期待しているのだというのである。

この思想は、後漢の代になると、天災や瑞兆《ずいちょう》といった自然現象によって、未来を予言するとする讖緯《しんい》説に堕していくことになった。

以後、儒教は体制教学として清末まで維持されたのであるが、権力に庇護《ひご》を受けるとたいていのものがそうなるように、王朝権力の庇護を受けて創造性を失い、次第に文献学的研究、注釈の学（訓詁学《くんこがく》）を主とするようになり、生き生きとしたものではなくなっていったのである。

この讖緯説は前漢末から流行しはじめたもので、讖は予言や前兆のこと、緯とはこれらの予言をのせた文献のことをいうのであるが、前漢の五行説やこの董仲舒の天人相関説をもって、それを宿命論的に徹底していくのである。中央での権力争いや、農民蜂起《ほうき》の頻発などの社会不安の増大のなかで、人や王朝の運命はすべて天の災異や瑞兆になって示されると説く、この学説が流行したのである。

朱子学の完成

宋代に入ると、新興地主層や富裕な商人層が、科挙試験を足場に、新しい支配層として登場してくる。すなわち、士大夫《したいふ》と呼ばれる知識人・政治指導者の登場である。

折しも、宋代は遼《りょう》や金《きん》などの北方の異民族、また、とくに元《げん》の侵攻に悩まされた。内にあっては、道教や仏教の隆盛によって、体制教学である儒教の影響力は減退した。

こうした状況のなかから、新支配層として、道徳＝道義心を養い、経書から聖人の道、聖人の心を主体的に獲得しようとする、宋学が生まれたのである。

これは、周濂渓《しゅうれんけい》・張横渠《ちょうおうきょ》・二程子《にていし》などという儒者を経て朱熹《しゅき》（朱子）によって完成された。これが朱子学である。

この朱子学の思想体系について、源了圓《みなもとりようえん》の『徳川思想小史』によって、簡単に要約しておこう。

まず、その万物生成論についてみると、宇宙の始源は太極と呼ばれる混沌《こんとん》とした状態であるが、この太極が、限りない回転を続けて陰陽を生じる。

この、陰陽が木・火・土・金・水の五行と結びついてさまざまなものを生じさせる。その最も精であるものが人間で、粗である度合いが強くなるにしたがって動物・一般の生物・無生物となっていくというのである。

朱熹は、この太極を「理」という言葉に置きかえる。この「理」は一切の存在の根元であるとともに、万物（「気」）の中に内在するのである。この理と気については、どちらの存在が先であるかについて、種々の論争の経緯があるが、朱熹は理が気の根拠であるとして、理先気後を主張する。

さて、理は人間に宿ると性、すなわち「本然《ほんぜん》の性」となる。この本然の性においては人はみな等しく絶対的に善である。だから、「人はみな聖人たるべし」と朱熹は言うのであるが、現実には人には善人もおれば悪人もいる。

この違いがどうして生まれるかといえば、それは「気質の性」が清明であるか混濁しているかによって決まるのだという。聖人とは、気質の性が清明で本然の性を残すところなく実現した人であり、一方凡人は気質の性が不透明で本然の性がくもらされているのである。

認識と実践倫理の結合

では、この濁った気質の性はどのようにすれば清められるのか。それには、「存心持敬」あるいは「守静居敬《きょけい》」などといって、心を集中して感情の激動を押さえるという内省の道（主観的方法）と、格物致知《かくぶつちち》の方法という客観的方法がある。格物致知の方法というのは、事物の理を究めること（窮理）によって心を明らかにするという方法である。

以上の、居敬という内観的な修養と窮理が相補って気質の性を清明にし、本然の性を完全に具現する状態、すなわち聖人への道へ導くのである。

源了圓は、ここに、朱子学の大きな特徴があるという。すなわち、格物致知によって外界の事物の理を認識することを通じて、心を明らかにしていく、意を誠にし、心を正しくする（誠意・正心）というように、認識の問題と心のあり方、実践倫理の問題を結びつけていることである。修身・斉家《せいか》・治国・平天下というように、修身・斉家という個人の修養や心術のあり方が、治国・平天下という政治の問題に連なるものとされたのである。

ところで、『大学』の首章に次のようにある。

古《いにしえ》の明徳を天下に明らかにせんと欲する者は、先づ其の国を治む、其の国を治めんと欲する者は、先づ其の家を斉《ととの》ふ、其の家を斉へんと欲する者は、先づ其の身を修む、其の身を修めんと欲する者は、先づ其の心を正しくす、其の心を正しくせんと欲する者は、先づ其の意を誠にす。其の意を誠にせんと欲する者は、先づ其の知を致す、知を致すは物に格《いた》るに在り。

このなかに、格物・致知・誠意・正心・修身・斉家・治国・平天下の八条目が明快に示されているのであるが、これを言い換えると、明徳を明らかにすること、民を新たにすること、至善に止《とど》まること、の三つの綱領に行きつくのだという。だから、為政者は、自己の本性としての明徳を明らかにし（明明徳）、次にこれに基づいて社会の革新を図らねばならない（新民）が、それには、人としてなすべきことをなさねばならないのである。

そして、この道徳哲学は、一言でいえば「仁」という言葉で表され、朱子学の歴史観が明らかにしようとする「義」とともに、朱子学は仁義を明らかにしようとする学問であるということになる。これが朱子学の大まかな内容なのである。

陽明学に接近

さて、西郷の思想は、この朱子学で説明できるのかといえば、どうもそうではないようである。西郷だけでなく、幕末、外国の勢力がアジアに近づき、アヘン戦争での清国敗北のニュースなどが伝えられてくると、若い武士たちの多くは、今一度朱子学の基本に立ち返ろうとして、『近思録』の読書会などを始めた。

今、イスラム教などでいわれる原理主義と同じような状況が、朱子学の世界でも現れたのである。林羅山《はやしらざん》以来の幕府お墨付きの教学・朱子学が清新さを失い、新たな内外の事態に対応できなくなっていたからである。

しかし、西郷たち若い武士たちは、『近思録』の段階には止まらなかったのである。すなわち、多くは陽明学に魅力を感じはじめたのである。

陽明学は、南宋の陸象山《りくしょうざん》に起原があるのであるが、朱子が、心の本体を、性とその働きである情とに分ける。そして情は動的で、個々人によって個別的だけれども、その根底には普遍的な性があるのだとする〈性即理〉を命題としているのに対して、陸象山は、心は性と情がいまだ分かれていない渾然《こんぜん》とした一体のもので、動と静を一つとする理をそこにみる。だから〈心即理〉なのだとの命題を提起したのである。

王陽明《おうようめい》は、この陸象山の説を継承しながらも、性情の自然状態を認め、その性情を貫く心の本体こそが人の心に先天的に具《そな》わっている天理なのだとして、心がその天理を直覚する能力を良知と呼ぶのであるというのである。

これを、源了圓は次のように説明している。つまり、陽明は、人には真に知り行う能力が具わっていると理解し、このような能力を良知良能といい、つづめて良知と呼ぶ。

そして、その良知について、陽明は、

①われわれの心の本体であり、どんな人の心にも先天的に具わっているから天理とも呼ぶのだ。そして、それ自身は完全なもので、われわれが賢いか愚かであるかに関係しないし、学問や経験によってそれを大きくすることもできないものだ。では、聖人と愚人の区別はどうして生まれるのかというと、その差は、人欲によって、良知が覆われるかどうかによるのだ、

というのである。

②この良知は、またわれわれの道徳的判断の標準ともなるものだ、

という。源は、したがって、島田虔次《しまだけんじ》の言を借りて、陽明の「心」あるいは「良知」は、「人間に固有なる道徳的直観力、もしくは直観的道徳力」であると説明している。

では、われわれはどのようにしてこの「良知」に目覚める（致良知）ことができるのか。朱子学であれば格物窮理がその道だというだろうけれども、陽明はそうはいわない。

朱子学では、「格物」は「物に至る」と読むが、陽明は「物を正す」の意と読み、心の不正を正すことなのだという。そのためには、実践を通じて心を練ることが重要なのだ。陽明は、「知行合一《ちこうごういつ》」を説くが、この「知」とは、人間の実践に結びついたものでなくてはならない。政治とか道徳といった実践に裏付けられた「知」だけが真の「知」なのだというのである。

ここまで来ると、西郷隆盛の思想の理解に、相当近づいたように思える。

『中庸』の冒頭は次のように述べる。

天の命ずるを之れ性と謂う。性に率《したが》うを之れ道と謂う。道を修むるを之れ教と謂う。道なる者は、須臾《しゆゆ》も離るべからざるなり。離るべきは道に非《あら》ざるなり。是の故《ゆえ》に君子は其の睹《み》ざる所に戒慎し其の聞かざる所に恐懼《きょうく》す。隠れたるより見《あらわ》るるは莫《な》く、微《かす》かなるより顕《あきら》かなるは莫し、故に君子は其の独りを慎むなり。

このように、天が万物を生じるときにそれぞれに付与したものを性というが、人が天から賦与されたその性に率《したが》うことを道という。

その本来善であるべき性は、人欲によって曇らされている。しかし、一方、人欲を払い性を明らかにする道徳的本能をまた、人間は持っているのである。

その道徳的本能に働きかけて、性を明らかにすることを教と呼ぶのであるが、その聖賢の教えは聖賢の書を読むだけではいけないのであって、自らの弛《たゆ》まぬ道徳的実践によって実現されるのだ。だから、人の目が届かない所でも道徳的実践を怠らず、聞こえない声に耳を澄ませ、それを大事に思う心がなければいけないというのである。

天の意を謹んで敬い、天が万物を愛したように、人を愛さなければならない。そして、そのためには自らが徳を践《ふ》み行わなければならないのである。「身を修するに克己を以て終始せよ」とは、このようなことであろう。

『論語』中の「子、四を絶《た》つ。意なく、必《ひつ》なく、固《こ》なく、我《が》なし」は、孔子の門人が師匠孔子について述べた文章で、孔子は、意・必・固・我の四つを絶った、すなわち、孔子には意・必・固・我がないというのである。

この「意」とは、私意の意で、自分の手前勝手な考えをいい、「必」は「必期《ひつき》」という意味で、〝必ずこのようになるぞ〟と、勝手な思惑で期待すること。「固」は、頑固とか固執とかいう場合の「固」と同じで、自分の勝手な考えにあくまでも固執すること、間違っていても改めようとしないことの意味である。「我」は、「我執」の意味で、意・必・固の三つに貫かれているものを総括したのである。

つまり、孔子は、我に拘泥《こだわ》ることがなかったというのである。逆に、「我」に拘泥るのを「自ら愛する」といっているのである。

さて、西郷が、十中七、八までうまくいきながら、「我」に拘泥ったために結局失敗に終わったという、歴史的事業を何か想起しているのであろうか。幕府の井伊大老による、安政の大獄などという弾圧事件など、井伊らは、あるいは成功したとでも思ったであろうか。

二二　兼《かね》て気象《きしょう》を以て克《か》ち居れよ

原文

二二　己れに克《か》つに、事事物物時に臨みて克つ様にては克ち得られぬなり。兼《かね》て気《き》象《しょう》を以て克ち居れよと也。

訳文

二二　自分にうち克《か》つには、事件やものごとを前にして、またそのときになって、さあ自分に克たなければと思ったとして、そうやすやすとはできないものだ。平生から、その心がけを持っていなければならない。

そうすれば、肝心なときに自分の意志の力で己の衝動や欲情に克つことができるのだ。

❖解説

頭山満《とうやまみつる》は、大塩平八郎《おおしおへいはちろう》の次の文章を紹介している。

我れ常に一日をもって一年と為《な》し、光陰を歴度《れきど》せり。近く古人の一日を以て百年と為し、百年をもって一日と為すの語を読むに因《よ》り、道に窮《きわま》りなくして、学に際《きわま》りなきを悟れり。（『洗心洞劄記《せんしんどうさつき》』）

（私はいつも、一日を一年を過ごすつもりで日々を送ってきたが、最近、古人が、一日を一〇〇年を過ごすつもりで送ってきたとの文章を読み、道は果てしないもので、学問に際限がないことを教えられた）

これは、たとえば「浜までは海女《あま》も蓑《みの》着る時雨《しぐれ》かな」といった句に示される精神、禅の世界でいう「永遠の今」といった精神とは少々違うようである。

いざというときのために、日頃からその心構えが必要というのである。その心構えを「克己」という言葉で、言い表すのである。西郷が、とくに重視する行為である。これは、簡単に言えば、欲心（私欲）を制御するということである。

二三　終始己れに克《か》ちて身を修する也

原文

二三　学に志す者、規模を宏大にせずばある可《べ》からず。去りとて唯《ただ》ここにのみ偏倚《へんい》すれば、或は身を修するに疎《おろそか》に成り行くゆゑ、終始己れに克《か》ちて身を修する也。規模を宏大にして己れに克ち、男子は人を容《い》れ、人に容れられては済まぬものと思へよと、古語を書て授けらる。

恢宏《かいこう》其志気者。人之患。莫大乎自私自吝《じりん》。安於卑俗。而《しこうして》不以古人自期。

古人を期するの意を請問《せいもん》せしに、堯舜《ぎようしゆん》を以て手本とし、孔夫子を教師とせよとぞ。

訳文

二三　学問を志すものは、広く学ぶという心がけが必要である。だからといって、広く広くとばかりこだわっていると、あるいは身を修めるのがおろそかになりかねない。だから、つねに自分に克《か》ち、身を修めるよう心がけなければならない。広く学びつつ自分に克ち、真の男子たるものは、人を許しても、人に許してもらおうなどと甘えた心を持ってはならない、自分に甘えないということが重要なのだ。古語にも次のようにあろう。

その志気を恢宏《かいこう》せんとするもの、人の患いは自ら私し自ら吝にして、卑属に安んじ、而《しこう》して古人を以て自ら期せざるより大なるはなし。

すなわち、物事をなそうとの意気込みを広く持つものは、他人の悩みを自分のものとし、自らは慎んで、尊大な気持ちを一切持たず貧しい地位にも満足して、そうして古人を目標に努力する、というのだ。では、その古人を目標にするというのはどういうことなのかと教えを請うと、徳をもって天下を治めた堯舜《ぎょうしゅん》時代を理想とし、孔子を教師とすることだと、翁は答えられた。

❖解　説

『大学』は、先にも触れたように、「古《いにしえ》の明徳を天下に明らかにせんと欲する者」

が行わなければならない徳目として、格物《かくぶつ》・致知《ちち》・誠意・正心・修身・斉家《せいか》・治国・平天下の八条目を挙げた。その『大学』の注釈書である、朱子の『大学章句』は、その序文に、

大学の書は、古の大学で学生を教育する明法を著したものであるが、それは、外は以て其の規模の大を極むることあり、内は以て其の節目の詳を尽くすことあり

と述べて、「古の明徳を天下に明らかにせん」と志すこと、これをもって「規模の宏大」をいったのである。

つまり、「治国・平天下」について、言い換えれば天下・国家を論じる志が大事だというのであるが、しかし、天下・国家を論じていると、日常の生活態度がいい加減におろそかになるとも指摘するのである。

大言壮語するものが、かえってだらしない生活をするという例は、まま見うけられる。格物・致知・誠意・正心・修身・斉家・治国・平天下の八条目は、同心円上に拡大していく順序をも示しているのであって、格物・致知・誠意・正心・修身・

斉家が、実践されなければならない、これが「克己」である。「内は以て其の節目の詳を尽くす」と朱子が言っていることは、実は同じことなのであろう。

河野辰三は、このことについて、次のように述べている。

己に克つということは、自己に対して極めて厳しいことです。そこで翁は、「己に克ち、男子は、人を容れ、人に容れられては済まぬものと思へ」と教えておられます。内、己に対しては徹底的に厳格でなければなりませんが、外、人に対しては、寛容でなければなりません。論語に、「躬《み》自ら厚くして薄く人を責むれば、則《すなわ》ち怨《おん》に遠ざかる」とありますが、自ら責むること厳しく、人を責むること寛大であれば、人から怨まれることなく、人間関係は円満に行われるという意味です。自らを責むること厳しくするものが、もし人から寛容されるような行為があるとすれば、それは自ら責むること未だ厳格でなかったということになりますから、男子としては恥ずべきことになります。そこで南洲翁は、克己を心がけている男子は、人の罪は寛容すべきであるが、人から寛容されるような罪ある行為をしては、相済まないことと思え、と教えられたのであります。(『南洲翁遺訓解説―中国古典との関係を中心にして―』〈其の二〉『敬天愛

人』第二号)

ここに、西郷が「男子」といっているのは、「士大夫」と同じ意味で、中国では科挙試験を通過した官僚知識人を指していたが、西郷は、武士を指している。維新以降であれば、概《おおむ》ね士族や華族出身の官僚層を念頭においているものと思われる。

さて、西郷が示した古語について、河野は、これを中国の古典のなかに見いだせないとして、西郷が読んだいくつかの古典の中の言葉を、自分の記憶のなかで一つの文章にまとめたものではないかと述べている。

そのうえで、「その志気を恢宏《かいこう》せんとするもの」の語からは、諸葛孔明《しょかつこうめい》(名は亮《りょう》)の「出師表《すいしのひょう》」のなかの文章を想起するという。

これは「三顧《さんこ》の礼」の故事で有名な話である。中国は三国時代、蜀漢《しょくかん》の劉備《りゅうび》(字は玄徳《げんとく》、蜀の始祖)が、まだ即位をする前に、軍略家として名高い諸葛孔明をその草庵《そうあん》に訪ねて、ようやく三度目に面会でき、天下を治める策について話し合い、彼を軍師として迎えることができたという話があるが、その諸葛孔明の「出師表」に「志士之気を恢宏する」とあるのである。

河野はまた、「人の患いは自ら私し自ら吝にして……」の語からは、『孟子』の「人之患は好んで人の師となるに在り」（人間にとってわざわいとなるのは、思い上がって人を教え導こうなどと思うことにあるのだ）を連想し、また『晋書《しんしょ》』の潘尼伝《はんにでん》に、「憂患之接するは必ず自私に生ずる」（憂い・患いは独善的で自己本位から生まれるものだ）とあるのと同じ意味だと、述べている。

では、どうすればよいのか。堯舜を手本に、孔子を教師とするがよいという。

堯舜は、中国古代の聖人で、堯は、舜の徳と力を見込んで天子の位を舜に譲り、舜はまた、禹《う》の徳と力を見込んで位を譲った。

その禹が建国した王朝が夏《か》で、中国最初の王朝といわれる（この天子の譲位を禅《ぜん》譲《じょう》という）。その一七代桀《けつ》が暴政を行ったため湯《とう》に滅ぼされた。湯が夏を滅ぼして建国した王朝が殷で、これが、存在が確実な最初の王朝である。この殷も、紂王《ちゅうおう》に至って武《ぶ》に滅ぼされ、武は周を建国して武王となった。

この歴史の流れからいうと、堯舜は実在した天子ではないが、中国では理想の国家をつくり、理想の政治を行った最高の聖人として崇敬されてきたのである。

孔子は、堯について、次のように述べている。

大なる哉《かな》、堯の君たるや、巍々乎《ぎぎこ》たり。唯《た》だ天を大なりとなす。唯だ堯これに則《のっと》る。蕩々乎《とうとうこ》として民よく名づくる無し。巍々乎たり、其の成功あること。煥乎《かんこ》たり、其の文章あること（『論語』泰伯篇）。

（偉大であることよ、堯が君子でいることは気高く偉大なことだ。堯は、ただ天を偉大であるとして天意に順《したが》うばかりだ。あまりに広大で、民はそれを何と表現してよいかわからない。その政治は大いに成果をおさめ、人智は発達して光り輝いている）

放勲《ほうくん》、欽明、文思、安安にして、允《まこと》に恭しく克《よ》く譲る、四表に光被《こうひ》し、上下に格《いた》る。克く俊徳を明らかにして以て九族を親しむ、九族既に睦《むつま》じくして百姓《ひやくせい》を平章《へいしょう》す。百姓昭明にして万邦《ばんぽう》を協和す、黎民於変《れいみんああ》り、時《こ》れ雍《やわら》ぐ、乃《すなわ》ち義和に命じて欽《つつし》んで昊天《こうてん》に若《したが》い、日月星辰《せいしん》を暦象《れきしょう》し、敬《つつし》んで人に時を授く（『書経』堯典）。

（堯は天下を治めて勲功あり、慎み深くして事物の道理に明るく、言語動作は美しく思慮深く、心身共に安らかにして、舜を信頼して礼儀正しく天子の位を譲った。徳は世界に広く行きわたり、天地間に充満した。広大な徳を明らかにして親族は互いに親しくし、百官にその明らかな徳は及んでいる。百官は物事に明らかで、天下の諸侯は互いに心を合わせ仲良くしている。一般庶民も善になり和合し睦み合う。すなわち天文を司り暦象を正しくする官吏に命じて、大空を観察して、太陽・月・星座の運行を推算し、天を敬って人々に時を授ける）

そして、孔子は、舜についても、「無為にして治まる者は、其れ舜なるか、夫《そ》れ何をか為さんや、己を恭しくして正しく南面するのみ」（徳が豊かであるから、何の作為もせず自然に任せていても天下が治まるのは、舜であるからこそだ。賢人たちを適材適所に配しているから、特別のことはしないで、礼儀正しく天子の位についていればよいのだ）と述べ、また「舜は其れ大知なるか、舜は問うことを好み、好みて邇言《じげん》を察す。悪を隠して善を揚ぐ」（舜は、何と大きな知識を持つ人だろう、知識を持ちながら人に物を問うことを好み、普通の卑近な言葉のなかに正しい道理のあることを察する。人の悪事はかくしてやって、善事を賞揚するのだ）と賞賛している。

このように、堯舜はまさに理想的な天子として、国を治めたとされるのである。日本の儒者も多く、この堯舜をたたえ、治者はこの堯舜を理想として、これに近づかなければならないと主張したが、西郷もまた、「堯舜を以て手本とし、孔夫子を教師とせよ」というのである。

二四 我を愛する心を以て人を愛する也

原文

二四 道は天地自然の物にして、人は之れを行ふものなれば、天を敬するを目的とす。天は人も我も同一に愛し給ふゆゑ、我を愛する心を以て人を愛する也。

訳文

二四 人が踏み行うべき道は、つねに上に天があり下に地があるように、人為が作り出したものではなく、天によって与えられた道理を実践することであるから、天を敬うことを目的にしなければならない。

天は他人も私も区別なく愛されるのであるから、われわれは自分を愛する心を持って他人をも愛することでなくてはならない。

◆解 説

孔子が、弟子の子夏《しか》の問に、「天に私覆《しふく》無く、地に私載《しさい》無く、日月私照《じつげつししょう》無し」と答えたという（『礼記』孔子問居）。

天や地、そして日月は公平無私で、かたよることは決してない、という意味である。天が万物を生じるとき、万物に等しく天理を付与し、万物を等しく愛している。だから、我を愛するように、人をも愛せよというのである。

また孔子の言葉に、「己の欲せざる所は人に施す勿《な》かれ」という、有名な言葉がある。これは、孔子が、弟子の子貢《しこう》から、終身実行する目標は何でしょうかと問われたとき、「仁」の内容の最高のものは「忠」と「恕《じょ》」（おもいやり）であるが、その「恕」の具体的な例としてあげた言葉である。

自分が厭《いや》だと思うことは、人に仕向けてはいけないというのである。ずいぶんとネガティブな表現だが、聖書の「ルカによる福音書」には、「人々にしてほしい、とあなたが望むことを、人々にもそのとおりにせよ」と、逆にポジティブに表現している。

ここにも、西郷の言葉と、キリスト教との類似性がみえるのであるが、この点については、すでに中村正直についてのところで述べたように、類似しながらも、やはり西郷自身のものだといってよいであろう。
頭山満《とうやまみつる》は、おもしろいことを言っている。

『誠は天の道なり。之れをして誠ならしむるは人の道なり』と古聖人の教へにある、あそこのことぢやなア。世の中に自分より可愛いものはない。と、さう合点がついたなら、それと同じやうに、人も可愛がつてやらねばならぬのぢや。こゝは先にいつた、自分の悪いことは、人にも悪いことゝ考へるところを反対にいつたまでゞ、自分が欲しいものなら、人も矢張り欲しいものぢやから、自分を愛する気持で、人も愛せよといはれたのぢや。

と言ったあとで、

人間には誰れにでも、天から受けて来た使命がある。百千万人が百千万人とも、皆なその顔が違つてゐるやうに、皆な千差万別の使命がある。それが人間の天職といふもので、その天職を行ふまでの話ぢや。食うて生きるといふことなんぞは、働らいてから先の話ぢやが、『禄その中にあり』といったのでは、間尺に合はんと思ふものが多いのぢや。そこで天職の遂行よりも、衣食が先きになり勝ちとなる。立派な奥さん方が万引きなんどをするやうになるのも、一時の出来心といつて済まされんのぢや。心に曇りが掛つてゐるからのことで、『君子は睹《み》ざるに慎しみ、聞かざるに懼《おそれ》る』る慎独の工夫が欠けてゐるから、事々に迷ひの雲だらけとなるのぢや。

と説明する。しかし、この頭山の説明には、「知足安分」の思想が色濃いように思われる。「足るを知りて、分に安んじろ」という身分制の思想から、西郷が自由であるとは思わないが、ここでは素直に、先の「ルカによる福音書」のように、ポジティブに理解したほうがよいのではないかと思うのである。

二五　己れを尽し人を咎《とが》めず、我が誠の足らざるを尋ぬ可《べ》し

原文

二五　人を相手にせず、天を相手にせよ。天を相手にして、己れを尽し人を咎《とが》めず、我が誠の足らざるを尋ぬ可《べ》し。

訳文

二五　狭量な人間世界にこだわるのではなく、広大無辺の天を相手にしなさい。天の示す道を実現すべく全精力・精神を傾け、人を咎《とが》めたりせず、自分に真の心が不足していることを認識すべきなのだ。

❖解説

この遺訓の冒頭に「廟堂《びょうどう》に立ちて大政《たいせい》を為すは天道を行ふものなれば」とあった

が、この「人を相手にせず、天を相手にせよ」も、やはり為政者に向かって言った言葉であろう。

先に、孔子が堯をたたえた言葉を紹介したが、すなわち「大なる哉《かな》、堯の君たるや、巍々乎《ぎぎこ》たり。唯《た》だ天を大なりとなす。唯だ堯これに則《のっと》る」とあった。

堯が、天子として、尊敬に値するのは、堯が天を偉大なるものとして、天に、すなわち天意にしたがって政治を行っているというところにあった。

『孟子』は次のように言っている。

天下ニ道アレバ、小徳ハ大徳ニ役セラレ、小賢ハ大賢ニ役セラル。天下ニ道無ケレバ、小ハ大ニ役セラレ、弱ハ強ニ役セラル。斯ノ二ツノ者ハ天ナリ。天ニ順《したが》ウ者ハ存シ、天ニ逆ラウ者ハ亡ブ

と。つまり天下に正しい道理が行われていれば、道徳が標準となるから、徳の小さな者は徳の大きな者に使われ、賢の小さな者は賢の大きな者に使われることになる。しかし、天下に道理が行われていないときには、力が標準となるから、小国は大国に使われ、弱い国は強国に使役される。

この二つのことは、天すなわち自然の道理である。だから、この道理に従う者は存立できるが、これに逆らうなら滅亡することになる、という意味である。

頭山満《とうやまみつる》の次の文章は、傾聴に値する。

南洲翁が『人を相手にせず、天を相手にせよ』といはれたのは広大無辺、無量億劫の深意が含くまつてゐる。天とは何ぞや。さやうサ、天は空々漠々、形のないものぢや。天の形となつて現はれたものが、即《すなわ》ち人間ぢやらうのゥ。人は天の代表者で、『天則人』『人則天』とわしは思ふ。小なれば地に這ふ虫よりも小に、大なれば蒼天碧落《そうてんへきらく》、大嶽巨海《だいがくきよかい》よりも大となることが出来る。則ち天と心と一体となるやうな広大無辺際《こうだいむへんざい》の人格にも達することが出来るのぢや。小なるも大なるも、達するも達せざるも、そこは心掛け一つぢや。学んで怠らざれば匹夫《ひっぷ》も道にいたることが出来るが、学問が出来ても、智慧があつても、道に心掛けがなければ、畜生にも劣らう。『朝《あし》たに道を聞いて夕べに死すとも可なり』と孔夫子は申された。道を行はずしては生きても詮ない話ぢやからのゥ。道を行はずして生きて居るものは、生きて死んでるものといふべきぢやらう。腐つた水の中で、浮いたり沈んだりしてゐるものを憫《あわ》れみ玉へばこそ、古来幾多の聖人君子が、道の尊むべき訳を説きさとされたのぢや。

だから、「己れを尽し人を咎めず、我が誠の足らざるを尋ぬ可《べ》し」と、やはり「克己」という課題が、提起されるのである。

二六　己れを愛するは善《よ》からぬことの第一也

原文

二六　己れを愛するは善《よ》からぬことの第一也。修業の出来ぬも、事の成らぬも、過を改むることの出来ぬも、功に伐《ほこ》り驕謾《きょうまん》の生ずるも、皆自ら愛するが為なれば、決して己れを愛せぬもの也。

訳文

二六　自分を甘やかすことが、第一に善《よ》くないことだ。修業ができないのも、ことが成就できないのも、過ちを改めることができないのも、また過去の功労を自慢して傲慢《ごうまん》になるのも、みな自分を甘やかす心がもとにあるからで、決して自分を甘やかす心を持ってはならない。

❖解説

ここにいう「己れを愛する」は、二四条（一三九頁）の「我を愛する」とはまったく別のことである。

この「己」は、「克己」の「己」で、自分の私欲や私情、わがままな自己の欲望を指している言葉である。

「克己復礼」（正しくは「克己履礼」）という言葉がある。孔子の最高の弟子顔淵《がんえん》が、「仁」について問うたのに答えて、孔子は、「己ニ克チテ礼ニ復ルヲ仁ト為ス。一日己ニ克チテ礼ニ復ラバ、天下仁ニ帰ス」（『論語』顔淵）と言ったという。自己の欲望にとらわれることのないように、心を引き締めて、先王の定めた天理にかなった礼の本源に立ち返ることが「仁」なのだというのである。

だから「己を愛する」というのは、自分の私欲、あるいは身勝手を許すことなのである。この心を克服しなければ、何も成就しないという。要路にある政治家が、手前の利益ばかりを追求し、その施策が少々うまくいったからといって、それを自慢し傲《おご》るようになれば、ことは成功しない。

しかし、権力には魔物が棲《す》んでいて、かれらを私欲追求に向かわせるものらしい。それでも、現在の為政者と比べれば、明治の「志士仁人」は、それをはねのける気概がまだまだあったと言わなければならないだろう。

二七　自ら過つたとさへ思ひ付かば、夫《そ》れにて善《よ》し

原文

二七　過ちを改むるに、自ら過つたとさへ思ひ付かば、夫《そ》れにて善《よ》し、其の事をば棄て顧みず、直《ただち》に一歩踏み出す可《べ》し。過を悔しく思ひ、取り繕はんとて心配するは、

一　譬《たと》へば茶碗を割り、其の欠けを集め合せ見るも同にて、詮もなきこと也。

訳文

二七　過ちを改めるには、自分が間違いを犯したと自覚すればそれでいいのだ。過ちを犯したということにこだわり続けるのではなく、直ちによいほうに一歩を踏み出すことが大事なのだ。

過ちを犯したことを悔やんで、何とかその場を取り繕おうと腐心するのは、たとえば茶碗《ちゃわん》を割って、そのかけらを集めて合わせてもとのようにしようとするのと同じで、どうしようもないことなのだ。

❖解説

孔子の言葉に、「過ちては改むるに憚《はばか》ること勿《な》かれ」（『論語』学而）というのがある。過失があったと気がついたときには、他人がどのように思うだろうかなどと考えずに、速やかに改めなければならないといっている。

また、孔子は次のようにも言う。「過ちて改めざる、これを過ちと謂《い》う」（『論語』衛霊公）、すなわち、人間は過ちをおかすものだが、すぐさま改めればもはや過ちとはいえない。あるいは、過ちをおかしていて改めないのが本当の過ちなのだという。改めるのを躊躇《ちゅうちょ》するなというのである。

また、「小人の過ちや、必ず文《かざ》る」(『論語』子張)、徳の少ない人物は、過失を飾り繕って、うまく言い訳、言い逃れをするという。これらもみな、為政者に向けた言葉なのである。

二八　道を行ふには尊卑貴賤《そんぴきせん》の差別無し

原文

二八　道を行ふには尊卑貴賤《そんぴきせん》の差別無し。摘んで言へば、堯舜《ぎょうしゅん》は天下に王として万機の政事を執り給へども、其の職とする所は教師也。孔夫子は魯《ろ》国を始め、何方へも用ゐられず、屢々困厄《しばしばこんやく》に逢ひ、匹夫《ひっぷ》にて世を終へ給ひしかども、三千の徒皆な道を行ひし也。

訳　文

二八　天から与えられた道を実践するのに、その人の地位が高いか低いか、また尊いか卑しいかなどといったことはまったく関係がないことだ。堯舜《ぎようしゆん》は王として政治の一切を行ったのだが、彼らの使命は教師として人を導くことにあった。

孔子は、魯《ろ》の国はもとよりどの国にも用いられず、しばしば困難に遭遇したりして身分の低い野人として生涯を終えたが、彼の教えを受けた三千の民は、みな教えられた道を実践してきたのだ。

❖解　説

堯舜については二三条（一三一頁）でくわしく述べたので繰り返さない。ここで、堯舜は、天子として理想の政治を行い、禅譲《ぜんじよう》を行った。その政治の行いはそれ自身が教育なのだ、そこに知行合一《ちこうごういつ》を見るのである。その堯舜に、聖人としての姿を認めた孔子も教師であると西郷はいうのである。

文中にあるように、孔子は、はじめ魯国に仕え、政治を担当していたが、実権者と衝突して魯をはなれ、諸国を遊歴して諸侯に思想を説いたが、容易に認められなかった。そして、晩年は魯に戻って弟子の教育と古典の編纂《へんさん》に従事したのである。

孔子の生きた春秋の末期には、農民や手工業者・商人などの新興勢力が頭をもたげてきて、氏族的血縁的社会とその中で維持されてきた礼制も崩れはじめてきたのである。氏族貴族がその地位を保つことも容易ではなくなってきた。

孔子が生まれた魯は、周代の礼制が比較的保存されていた国といわれる。孔子は、社会のそのような変化を認めながらも、礼の秩序の崩壊を食い止めなければならないと考えたのである。それが、徳による政治（「為政以徳」）であり、仁による為政者の自己改造（「克己復礼以仁」）の思想である。

孔子は、これを新しく台頭してきた農民や手工業者といった「小人」階級の人たちに教えたのである。そして、弟子たちによって編纂された『論語』二〇篇は、その後の中国だけではなく東アジアに大きな影響力を持ったのである。

二九　道を踏むには上手下手も無く、出来ざる人も無し

原文

二九　道を行ふ者は、固《もと》より困厄《こんやく》に逢ふものなれば、如何《いか》なる艱難《かんなん》の地に立つとも、事の成否身の死生抔《など》に、少しも関係せぬもの也。事には上手下手有り、物には出来る人出来ざる人有るより、自然心を動す人も有れども、人は道を行ふものゆゑ、道を踏むには上手下手も無く、出来ざる人も無し。故《ゆえ》に只管《ひたす》ら道を行ひ道を楽み、若《も》し艱難に逢ふて之れを凌《しの》がんとならば、弥弥《いよいよ》道を行ひ道を楽む可《べ》し。予壮年より艱難と云ふ艱難に罹りしゆゑ、今はどんな事に出会ふとも、動揺は致すまじ、夫《そ》れだけは仕合せ也。

訳文

二九　天から与えられた道を実践する者には、災厄はつきものであるから、そんな

とき、そのことがうまくいくかどうか、その身が生きるか死ぬかといったことなどどうでもいいことなのだ。

事には当然のことながら、うまくいくいかないがあり、物には出来不出来があるものだ。人は自《おの》ずとそのことに心を奪われがちであるが、人が実践しようとしているのは、その事とか物ではなく、天の道なのであるから、そこに上手下手などはなく、できないという人もないものなのだ。

だから、ひたすら道を行い、道を楽しみ、もし困難や苦しいことに遭ったならば、ますますその道を実践し楽しむという心を持つがいい。私は、若いときからたいていの困難や苦しみを経験してきたから、今はどのようなことに出合っても動揺することはない。それだけは、幸せである。

❖解説

「自ラ反《かえ》リミテ縮《なお》カラズンバ、褐寛博《かつかんぱく》ト雖《いえ》ドモ吾惴《おそ》レザランヤ。自ラ反リミテ縮クンバ、千万人ト雖ドモ吾往《ゆ》カン」(『孟子』公孫丑《こうそんちゅう》・上)、自分で振り返ってみて正しくなければ、だぶだぶの荒布をまとった卑しい人間に対しても気の引けるものだが、自分で振り返って正しければ、相手がいかに大勢でも恐れずに前進する、という、孟子の有名な言葉である。言うまでもなく、自分の信念の正しさについての自信と自覚こそが勇気の源だというのである。

『春秋左氏伝』昭公《しょうこう》二十年に、次のような話がある。

楚《そ》王が伍奢《ごしゃ》を人質に捕らえて、「呉《ご》国にいる息子が帰ってくるならば、許そう」と言った。それを聞いた息子の伍尚《ごしょう》は、その弟員《うん》に向かって次のように言ったという。

父ヲ免《ゆる》スノ命ヲ聞キテハ、以テ之ニ奔《はし》ルコト莫《な》カルベカラズ。親戚戮《りく》セ為《ら》ルレバ、以テ之ニ報《むく》ユルコト莫カルベカラズ。死ニ奔リテ父ヲ免サルルハ孝ナリ。功ヲ度《はか》リテ行フハ仁ナリ。任ヲ択《えら》ビテ行クハ知ナリ。死ヲ知リテ辟《さ》ケザルハ勇ナリ。父ハ棄《す》ツベカラズ。名ハ廃《す》ツベカラズ

(父を許すという命令を聞いては、急いで帰らないわけにはいかない。親戚《しんせき》の者が殺されれば報復しないわけにはいかない。急ぎ帰って死ぬことになっても父が許されるのであれば、それは孝だ。成功するように自重して行うのは仁だ。ふさわしい役を選んでいくのは知である。死ぬとわかっていても、それを避けずに行うのが勇である。父は見殺しにはできない。名も捨ててしまうわけには

いかない）

と。それを行えば死ぬと知りながら、敢《あ》えてそれを行うのが勇気というものだという。

西郷は、一八七三（明治六）年の征韓論争において、自らが勅使として朝鮮に乗り込むという主張をしたとき、西郷にとってそれは死を意味していた。死ぬかもしれないのではなく、死なねばならない、との覚悟であった。それを板垣退助《いたがきたいすけ》に伝え、閣議が西郷を勅使として派遣することを了承したとき、西郷は実に爽快《そうかい》であった。

こうした西郷の覚悟は、「予壮年より艱難と云ふ艱難に罹りしゆゑ」と言っているように、幾度か死に直面してきた。錦江《きんこう》湾に月照《げっしょう》とともに身を投げたとき、自分だけ助け上げられるとは思ってもみなかったことである。沖永良部島《おきのえらぶじま》での牢《ろう》内にあっては風雨にさらされ死の危険に迫られたこともあった。

孔子が、弟子の顔回《がんかい》が貧乏な生活をしながらも、学問修行を楽しんでいることに感心して、「賢ナルカナ回ヤ、一簞《たん》ノ食《し》、一瓢《ぴょう》ノ飲《いん》、陋巷《ろうこう》ニ在リ、人ハ其ノ憂《うれ》イニ堪《た》エザルモ、回ヤ其ノ楽ミヲ改メズ、賢ナルカナ回ヤ」（『論語』雍也《ようや》）（賢いなア顔回は！、わりごに一盛の食べ物と、ひさご一椀《わん》の飲み物を食し、狭苦しい家の中で暮らしている、人はそのような生活には耐えられないのに、顔回はそんなことはお構いなしに、学問修行を楽しんでいる、賢いなア顔回は！）とほめたというが、そのような突き抜けた心持ちが大切なのだというのである。

だから、成功するかしないかではなく、それを実践することこそが求められているのである。

そして、一八七七（明治一〇）年の西南戦争も、西郷にとっては死を覚悟しての、いや死を決意しての戦争であった。私学校生徒たちによる、弾薬庫の襲撃は、最早事態を鎮静できる状況を超えていた。西郷は、何も言わずに生徒たちと起《た》つことを決めたのである。

そうしたことから、この条は、西郷の生き様そのものであったといえる。

三〇　官位も金もいらぬ人は、仕抹に困るもの也。仕抹に困る人ならでは、国家の大業は成し得られぬ

原文

三〇　命ちもいらず、名もいらず、官位も金もいらぬ人は、仕抹に困るもの也。此の仕抹に困る人ならでは、艱難《かんなん》を共にして国家の大業は成し得られぬなり。去れども、个様《かよう》の人は、凡俗の眼には見得られぬぞと申さるるに付き、孟子に、「天下の広居に居り、天下の正位に立ち、天下の大道を行ふ、志を得れば民と之れに由《よ》り、志を得ざれば独り其の道を行ふ、富貴も淫すること能《あた》はず、貧賤も移すこと能はず、威武も屈すること能はず」と云ひしは、今仰せられし如きの人物にやと問ひしかば、いかにも其の通り、道に立ちたる人ならでは彼《か》の気象《きしよう》は出ぬ也。

訳文

三〇　命を惜しいとは思わない、名誉などもいらない、官位も金もいらないという

人物ほど、権力からみて、手に負えないものはない。

このような手に負えない人物でなければ、どんな苦しいことにも打ち克《か》って、国家の大業を成し遂げるということはできないものだ。

しかし、普通の人の目には、そのような人物を見定めることはむずかしかろう、と翁が言われるので、孟子が「滕文公《とうぶんこう》・下」のなかで、

「天のもとで仁の道を歩み、天のもとで悟りの境地におり、天のもとでその大道を実践する、民がその志を理解するなら民とともにこれを行い、民がその志を理解しなければ、独りその道を実践する。

この行いは、如何《いか》に財力があり身分の高い人も汚すことはできないし、反対に如何に貧しく卑しいものも、この心や行いを曲げることはできない、武力もそれを屈服させることはできない」

といっているが、孟子のいうこのような人物は、翁が仰《おつしや》ったような人物のことでしょうかと、尋ねると、そのとおりだ、仁の道に立つものでなければ、そのような姿にはならないものだ、と言われた。

❖解説

「命もいらず、名もいらず、官位も金もいらぬ人は、始末に困るもの」というのは、命も名誉も欲しい、官位も金ももっと欲しい、などと考えている者から見れば、本当に厄介なものだろう。先に、一六条（七四頁）で、恥について述べたが、それに通じるところがある。権力の腐敗は、ほとんどがこれにまつわっている。これに、女色が加われば、万全であろう。

『孟子』の「滕文公・下」のこの言葉は、孟子と同時代の縦横家《じゅうおうか》（国際外交の専門家）のひとりである景春《けいしゅん》が、弁論術をよくし、秦《しん》の恵王《けいおう》に用いられ、東方の六国がそれぞれ秦と結ぶ連衡策《れんこう》を説いて廻《まわ》り、蘇秦《そしん》の合縦策《がっしょう》を破るといった華々しい活躍をみせた張儀《ちょうぎ》（有名な合縦連衡の話）を褒め称《たた》えるのを批判して述べたもの。

「広居《こうきょ》」は、広く大きな居間で、仁のことをいうが、広い住まいに身を置くと心は安らかである、だから仁をこれにたとえたのである。

「正位《せいい》」は、社会的に正しい位置に立つということから礼をこのようにいった。

「大道《たいどう》」は天下の理法に基づく道理で、人が践《ふ》み行うべき道、すなわち義である。

だから孟子は、男子たるものは、仁と礼と義をともに一身に体して行動すべきだ、言い換えると、世の中のあらゆる誘惑や圧迫に屈しない、これが大丈夫というもので、この大丈夫の姿勢を学ぶべきだというのである。

志を得て世に用いられたなら、民とともにこの正道を歩み、用いられないときには、一人でもその正道を歩んでいく、どのような富貴にもこの志は曲げられない、どんなに貧乏してもこの志は変えられない、そんな人物こそ大丈夫なのだというのである。

現在、権力を握っている人たちに、こんな大丈夫はいるだろうか。

三一　道を行ふ者は、天下挙《こぞっ》て毀《そし》るも足らざるとせず

原文

三一　道を行ふ者は、天下挙《こぞっ》て毀《そし》るも足らざるとせず、天下挙て誉《ほめ》るも足れりとせざるは、自ら信ずるの厚きが故《ゆえ》也。其の工夫は、韓文公が伯夷《はくい》の頌《しょう》を熟読して会得せよ。

訳文

三一　天から与えられた道を実践するものは、世間のみながこぞってそれを誇《そし》っても誇り切れるものではなく、世間のみながこぞってそれを誉めても誉め切れるものではない。そのような器におさまるものではないのだ。それは、信念が厚いからなのだ。

そのあたりを理解するには、唐の韓愈《かんゆ》の書いた「伯夷頌《はくいしょう》」を熟読することだ。

❖解説

これもまた大丈夫の生き様である。二九条（一五三頁）でふれた「自ラ反《かえ》リミテ縮《なお》カラズンバ、褐寛博《かつかんぱく》ト雖《いえ》ドモ吾惴《おそ》レザランヤ。自ラ反リミテ縮クンバ、千万人ト雖ドモ吾往《ゆ》カン」の心意気である。

西郷は、韓文公の「伯夷頌」を熟読しろという。この韓文公は唐の中期の文学者であり政治家でもあった韓愈《かんゆ》のことで、文公はその諡《おくりな》である。

四字六字の対句を用い、音調を整え、華麗な形式の文体、いわゆる四六駢儷体《べんれいたい》が南朝から唐代にかけて盛んに流行したが、韓愈は、それ以前の古文、すなわち散文の復興運動を起こし、以後の中国の文体の主流を形成した人である。

また、仏教や道教が盛行して、中国本来の聖人の教えが衰えることになったことを嘆き、仏教・道教を排撃して儒教を復興させるということでも大きな功績があった。

伯夷《はくい》は、弟の叔斉《しゅくせい》とともに、殷《いん》末周初の、伝説上の賢人である。孤竹《こちく》国という小さな国の王子（伯夷は長男、叔斉は三男）であった。父君は叔斉を後継者としようと思っていたが、父君が逝去すると、叔斉は、弟でありながら王位を継ぐことはできない、兄に対して不義であるとして王位を伯夷に譲ろうとしたが、伯夷は父の意に背くことはできないとし、自分がいては叔斉が王位に就けないと国外に逃れたのである。

叔斉も王位には就けないとして国外に逃亡する。孤竹国の人たちは、結局次男を王位に就けた。伯夷と叔斉は、ともに西伯《せいはく》（西方諸侯の長）である文王《ぶんおう》（周の武王の父）のもとに身を寄せたのであるが、文王が死に、武王が西伯の位に就くと、武王は、父文王を西伯に任じた殷の紂王《ちゆうおう》を討ち、周を建国した。伯夷と叔斉の兄弟はその武王の行為を批判して、もはや周に仕える恥を忍ぶことはできないとして、首陽《しゆよう》山《ざん》に入り、ついには餓死したと伝えられるのである。

韓文公の「伯夷頌」は、次のとおりである。

士の特立独行するや、義に適《かな》うのみにして、人の是非するを顧みざるは、皆豪傑の士、道を信ずること篤くして、自ら知ること明らかなる者なり。

一家、之を非とするも、力行《りっこう》して惑《まど》わざる者は寡《すくな》し、一国一州において、之を非とするに至るも、力行して惑わざる者は、蓋《けだ》し天下に一人のみ。

若《も》し世を挙げて、之を非とするに至りても、力行して惑わざる者は、千百年に乃《すなわ》ち一人のみ。

伯夷の若《ごと》き者は、天地を窮《きわ》め、万世に亘《わた》りて、顧みざる者なり。昭乎《しょうこ》たる日月も明らかに為すに足らず、崒乎《しゅつこ》たる泰山も高しと為すに足らず、巍乎《ぎこ》たる天地も容《い》るるを為すに足らざるなり。

殷が亡び、周が興るに当たりて、微子《びし》は賢なり、祭器を抱いて之を去れり。武王周公は聖人なり、天下の賢士と天下の諸侯とを従えて、往きて之を攻めしこと、未だ嘗《かつ》て之を非とする者有るを聞かざるなり。

彼の伯夷叔斉は、乃ち独り以て不可と為せり、殷既に滅び、天下、周を宗《そう》とせしも、彼の二子は、乃ち独り其の粟を食うを恥じ、餓死して顧みず。

是に繇《よ》りて言えば、夫《そ》れ豈《あに》求むること有りて為さんや。道を信ずること篤くして、自ら知ること明らかなればなり。今世《きんせい》の所謂《いわゆる》士なる者は、一凡人、之を誉《ほ》むれば則《すなわ》ち自ら以て余り有りと為し、一凡人、之を沮《はば》めば則ち自ら以て足らずと為す。彼れ独り聖人を非として、自ら是とせること此《かく》の如し。夫れ聖人は乃ち万世の標準なり。余、故に曰く、伯夷の若《ごと》き者は、特立独行、天地を窮《きわ》め万世に亘りて顧みざる者なり。然《しか》りと雖も、二子微《なか》りせば、乱臣賊子、迹《あと》を後世に接《つ》がん、と。

（男子にして、他に抜きんでている人物というのは、義のみを重んじ、人がそれについてどのように言おうともそれに動かされないもので、それこそみな豪傑といえるものだ。天から与えられた道を篤《あつ》く信じて、自分の位置をはっきりと知っているものなのである。

一家の者みながだめだと言ってもそれに惑わされず努力するものは少ない。一国一州のものがみなだめだと言っても、それに惑わされないで努力するものにいたっては、天下に一人有るのみだ。

もし世の中の者がこぞって反対しても、惑わされることなく努力するものに至っては千百年にようやく一人いるというほどの者だ。

伯夷という人物は、天地の道理の本質を深く追究して、万世にわたって動揺することがない人である。照り輝く太陽や月よりも明るく、聳《そび》える山よりも高く、高い天地よりも包容力の大きい存在である。

殷が滅び、周が起きるときに当たって、紂《ちゅう》の異母庶兄である微子啓は賢人である、祭器を抱いて紂のもとを去り、武王の軍門に降《くだ》った。周を興した武王もまた聖人である。武王は殷の紂を攻めたが、彼を非難する者がいることを知らない。しかし、伯夷と叔斉の兄弟は、ひとりそれを不可とした。

殷が滅び、天下の者はみな周を宗主国としたが、二人は、周に仕えることを恥として、餓死して果てた。

それは、二人には求めるところがあったからである、天の道を篤く信じて、自分の位置をはっきりと知っていたのである。現在の世のいわゆる男子は、一凡人だ、誉めれば自分はあまりある力を持っていると過信し、あるいは、それを妨げると自分には力量がないのだと意気消沈する。しかし、ふたりは、武王を許さず、自分たちの信じる道を践《ふ》んだのである。聖人というのは、万世にわたっての標準とすべきものである。

だから、私は、伯夷のような人物は、他に抜きんでた人物であり、天地の道理の本質を深く追究して、万世にわたって動揺することがない人であるというのである。こうした人物がいなかったなら、後世において乱臣賊子が次々と現れることになったであろう。）

西郷が実践しようとしていたのは、この伯夷叔斉兄弟のような道であったといってよいであろう。

三一　人の意表に出て一時の快適を好むは、未熟の事なり

原文

三一　道に志す者は、偉業を貴ばぬもの也。司馬《しば》温公《おんこう》は閨中《けいちゅう》にて語りし言も、人に対して言ふべからざる事無しと申されたり。独を慎むの学推《おし》て知る可《べ》し。人の意表に出て一時の快適を好むは、未熟の事なり、戒《いまし》む可《べ》し。

訳文

三二　天から与えられた道の実現を目指す者は、偉業として人から誉めそやされることを好まないものだ。

北宋の司馬光《しばこう》（司馬温公《おんこう》）は、寝床で語る言葉さえ、人に言ってはならぬものはない、人に聞かれて困るようなことはないといっている。独りよがりであってはならぬ学問であればなおさらのことである。予想外のことをして、一時的な愉快を喜ぶなどは、未熟者のすることで、戒めなければならないことだ。

❖解説

司馬温公（司馬光）は、北宋の政治家で史家でもあるが、第四代皇帝の仁宗《じんそう》の死後、養子の趙曙《ちょうしょ》が第五代皇帝に就き英宗になったところで、英宗の実父濮《ぼく》（故人）の典礼上の資格をめぐって論争が起きた。

濮議《ぼくぎ》というが、欧陽脩《おうようしゅう》らと対立・論争して頭角をあらわした司馬光は、その後は、新法をめぐって王安石《おうあんせき》と激しい論争をしたあと、引退した。

司馬は、このように自らの主張をつねに明確にし、したがって時折激しく論争することになったが、つねに浩然としていたというのである。

「閨」というのは、ただ単に寝室をいうのではなく、女性の寝所を意味しているから、女性と睦《むつ》み合っているときですら、隠し事はなかったというのである。「人の意表に出て一時の快適を好むは、未熟の事」というのは、とくに為政者の心すべきことである。政治は、つねに道の実践であって、道理にかなっていなければそれに翻弄《ほんろう》されるのはつねに民衆である。

三三　平生道を蹈《ふ》み居る者に非《あらざ》れば、事に臨みて策は出来ぬもの也

原文

三三　平日道を蹈《ふ》まざる人は、事に臨みて狼狽《ろうばい》し、処分の出来ぬもの也。譬《たと》へば近隣に出火有らんに、平生処分有る者は動揺せずして、取仕抹も能《よ》く出来るなり。平日処分無き者は、唯《ただ》狼狽して、なかなか取仕抹どころには之れ無きぞ。夫《そ》れも同じにて、平生道を蹈み居る者に非《あらざ》れば、事に臨みて策は出来ぬもの也。予先年出陣の日、

兵士に向ひ、我が備への整不整を、唯味方の目を以て見ず、敵の心に成りて一つ衝《つい》て見よ、夫れは第一の備ぞと申せしとぞ。

訳文

三三　日常的に、天から与えられた道の実践を心がけていない人は、大事に直面したとき慌てふためいて、うまく対応できないものだ。

たとえば、近所で火事が発生したときなど、日常心がけている者は動揺しないもので、充分に事に当たることができる。ところが、日常心がけのないものは、只《ただ》慌てふためいてうまく処理することなどできない。

これと同じことで、日常、道の実践に心がけている者でなければ、大事に直面したとき、必要なことができないものである。私は、先年（戊辰《ぼしん》の戦争）の出陣の際、備えが充分か否かについて、味方の目で見るのではなく、敵の側から見てこれではとても敵《かな》わないと思わせるような準備を整えることが第一なのだと指示したことがある。

❖解説

この文章の前半の「平日道を蹈《ふ》まざる人は、事に臨みて狼狽し……」は、二二条（一二九頁）のいうところと同じである。ここは、頭山満《とうやまみつる》の話を聞くことにしよう。これは、元治元（一八六四）年七月の禁門の変（蛤御門《はまぐりごもん》の変）の話である。

平生の備へといふので思ひ出すのは、長州の久坂玄瑞《くさかげんずい》の話ぢや。久坂、高杉と併せ称せられて、松陰門下の二駿足といはれたものぢやが、久坂は高杉よりも年輩ぢやつた。

元治元年、蛤御門の戦争の時に、久坂は鷹司《たかつかさ》邸に陣を布いてゐたが、薩摩が会津と一緒になつて長州兵を攻めるといふ報が来たとき、長州側ではひどく狼狽したものらしい。その時、富永有隣といふ人が、長州人の陣営を見て廻つたところが、何処も此処も、上を下への騒動をしてゐた。ところが、久坂の陣営に来て見ると、寂として声がない。不思議に思つて、中を覗いて見ると、久坂は書見をしてゐた。大将がさうであるから士卒も同様で静かなものであつた。

そこで、富永は、

『えらいお静かなことでござるのウ』

と、声をかけた。すると久坂はこちらを顧み乍《なが》ら、

『無事、有事の如く、有事、無事の如し』

といつて、また書見に余念がなかつたといふ。南洲翁が、事に当たつて狼狽せざるものは、平日道を踏むの篤き人であるといはれたところぢやらう。

長州勢は、中立売門《なかだちうりもん》を突破して、公卿《くぎょう》の屋敷に侵入し、陣を布《し》いた。このとき、禁裏守衛総督の任に当たっていたのが一橋慶喜《ひとつばしよしのぶ》である。

慶喜は、自ら指揮をして、この公卿屋敷に火をかけさせた。こうして鷹司《たかつかさ》邸で頑張っていた久坂玄瑞は負傷して、自殺を遂げた。また真木和泉《まきいずみ》は天王山《てんのうざん》に退いて自刃《じじん》したのである。久坂の辞世は「前《さき》に寝る後の戸締まり頼むぞよ」だという。

ただ、気になるのは、後半の「兵士に向ひ、我が備への整不整を、唯《ただ》味方の目を以て見ず、敵の心に成りて一つ衝《つい》て見よ」である。

日本の近代は、仮想敵国を作り、その敵国にまさる軍事力を準備するという、結局は軍拡の歴史であった。何もこれは日本だけのことではない。軍事力に頼るということは、その安心を実現するためには、どこよりも強大な軍事力が必要というこ とになる。

西郷は、こうした備えが必要といっているのだろうか。それは、一四条（六三頁）・一五条（六九頁）でみたように、考えられない。西郷は、自ら「戦好《いくさ》き」であるといっていたが、それは自ら好んで戦争を仕掛けることは意味していない。戦争をするには、それをするだけの正当な理由がなければならない。大義が鮮明でなければならない。

征韓論争の折、西郷は、朝鮮側が草梁倭館《そうりょうわかん》の門前に張り出したいわゆる「伝令書」だけでも、日本の朝鮮への挙兵の理由としては「公法上」成り立つとはいえ、それだけでは大義が鮮明とはいえない、世界に向かって改めての説明がなければならないだろう、説明を必要としないだけの大義が必要である、したがって、日本から派遣された勅使が殺されるという誰から見ても正当な理由が必要なのである。それが、自らの勅使としての朝鮮訪問というわけである。

これはやはり、相当に無理な、大義の形成であるが、それはそれで、国家としての侮辱は、身を賭《と》して雪《そそ》がねばならないとの、それこそ日常的な心情と心構えが、その決意を促したと思えるのである。

三四　平日作略を用れば、戦に臨みて作略は出来ぬものぞ

原文

三四　作略は平日致さぬものぞ。作略を以てやりたる事は、其の跡を見れば善《よ》からざること判然にして、必ず悔い有る也。唯戦《ただいくさ》に臨みて作略無くばあるべからず。併《しか》し平日作略を用れば、戦に臨みて作略は出来ぬものぞ。孔明《こうめい》は平日作略を致さぬゆゑ、あの通り奇計を行はれたるぞ。予嘗《かつ》て東京を引きし時、弟へ向ひ、是迄少しも作略をやりたる事有らぬゆゑ、跡は聊《いささ》か濁るまじ、夫《そ》れ丈《だ》けは見れと申せしとぞ。

訳文

三四　あれこれ謀《はかりごと》をめぐらすなどといったことは、日常することとではない。謀をめぐらしてやったことは、あとからみると善《よ》くないことがはっきり見えて、やらなければよかったときっと悔やむことになるものだ。

もちろん、戦争においては、そうした謀は必要なことであるが、日常的に謀をしていれば、いざ戦争のときに、同じことはできないだろう。三国時代、蜀漢《しょくかん》の宰相であった諸葛亮孔明《しょかつりょうこうめい》は、日頃謀をしなかったから、戦い（赤壁《せきへき》の戦いか）のときに奇計を用いて成功したのだ。

私は、かつて東京を引き上げるとき、弟従道《つぐみち》に対して、私はこれまで謀はやってこなかったから、あとは少しも不透明になることはないだろう、それだけは見届けるようにと言いおいたことがある。

❖解説

中国は後漢の中期以降、天子の早世するものが多く、そのために外戚《がいせき》が力を占めるようになった。

外戚は親戚や知人の力を借りて土地や人民を兼併し、多くの宦官《かんがん》を擁したが、その宦官が後漢末期になると、外戚を凌《しの》ぐ力を持つようになった。彼らは、外戚が行ったと同じような専横を繰り返すと、宦官を排斥する運動もまた起こった。二世紀末には、宦官の大殺戮《さつりく》が行われるといった事態にもなった。

そのころ、山東《さんとう》の群雄のひとりに曹操《そうそう》という人物がいた。彼は、董卓《とうたく》という武将に擁せられて長安《ちょうあん》にいた献帝《けんてい》が、董卓が殺されたため長安を逃れてきたのを幸いに、献帝を擁して華北一帯を支配するに至った。

一方、この曹操に敵対する劉備《りゅうび》という人物が揚子《ようす》江《こう》中流域の荊州《けいしゅう》（湖北）に、刺史《し》（漢の武帝がおいた官）劉表《りゅうひょう》の客将《かくしょう》となっていた。劉備が、湖北に隠棲《いんせい》していた諸葛亮（字は孔明）に、三顧の礼をとって味方に引き入れたことについては、すでに述べたところである。

亮は、華北の曹操と戦うには、東南の新興勢力である孫権《そんけん》と結ぶのがよいとする、いわゆる天下三分の計を進言した。

こうして、揚子江流域の二つの勢力が連合して曹操と争うことになり、二〇八年には南下しようとする曹操の軍を、湖《こ》北《ほく》省嘉《か》魚《ぎょ》の赤壁の一戦で討ち負かしたのである。西郷は、この天下三分の計について述べているのである。

その後、劉備は劉表の死後荊州の実権を握り、さらに西進して蜀（四川《しせん》省）の地に拠《よ》り、一方、孫権は劉備の背後から荊州に進出し、ここに曹操・劉備・孫権の勢力分野が確定した。

すなわち、曹操の死後位を譲られた曹丕《そうひ》が文帝として魏《ぎ》を、劉備は昭烈《しょうれつ》帝として蜀を、孫権は大帝として呉を建国して、世は三国時代に入るのである。しかし、諸葛孔明は志半ばで、陣中に没した。

ここに、この諸葛孔明は、薄幸の英雄として、近代の青年たちの心をとらえ続けることになった。

三五　人に推《お》すに公平至誠を以てせよ

原文

三五　人を籠絡《ろうらく》して陰に事を謀《はか》る者は、好《よ》し其の事を成し得るとも、慧眼《けいがん》より之れを見れば、醜状《しゅうじょう》著《いちじ》るしきぞ。人に推《お》すに公平至誠を以てせよ。公平ならざれば英雄の心は決して攬《と》られぬもの也。

訳文

三五　人を言いくるめて、陰で謀《はかりごと》をめぐらすのは、もし事がうまく運んだとしても、本質を見抜く洞察力をもってみれば、なんとも見苦しいものだ。
人に、これはどうかと事を提言するときは、公平かつ誠実でなければならない。
公平でなければ、知力や胆力、あるいは武力に優れた者の心をつかむことはできないものだ。

❖解　説

先にふれた禁門の変のあと、元治元年七月二三日、天皇は幕府に長州藩追討を命じ、幕府は諸藩に出兵を指示した。征長総督は尾張《おわり》藩主徳川慶勝《とくがわよしかつ》で、薩摩藩は征長軍を編制する二三藩中最雄藩であり、西郷がその総参謀を務めることになった。

長州藩は、英米仏蘭四ヵ国連合艦隊の攻撃を受けて痛手を蒙《こうむ》っていた。

西郷は、総参謀として意欲満々であったが、幕府の海軍奉行で神戸《こうべ》海軍操練所頭取である勝海舟《かつかいしゅう》と会談することがあった。その勝から、幕府の腐敗した内情を聞き、征長戦争が幕府を利することがあってはならないと考えるようになった。

西郷は、そこで、①まず長州を軍事的に包囲する、②「長人をして長人を処置させる」、すなわち長州の支藩の吉川《きっかわ》家や清末《きよすえ》家を引き入れて内部分裂を起こさせ、かれらに長州本藩を処置させる、③これらを実行させるために自らが敵地に乗り込む、という方針を立てたのである。

西郷は、諸藩の重臣を集めての征長軍事会議を開いてこの方針を確認し、自ら芸《げい》州《しゅう》（広島）に入り、岩国の吉川監物《けんもつ》と会談し、できるだけ早く福原越後《ふくはらえちご》などの三家老を処分し、恭順謝罪すべきだと説得した。

こうして、国司信濃《くにししなの》・福原越後・益田右衛門介《ますだうえもんのすけ》の三家老は責めを負って自刃《じじん》し、一一月一八日広島国泰寺《こくたいじ》で首級《くび》実検が行われた。また、参謀の処分も行われた。

さらに、毛利父子《もうりおやこ》の自筆の謝罪状も提出されたのであるが、八・一八の政変後長州に逃れていた七卿《しちきょう》（のうち、病死した錦小路頼徳《にしきのこうじよりのり》とすでに長州を離れていた沢宣嘉《さわのぶよし》を除く五卿）の移転問題は、奇兵隊や高杉晋作・伊藤俊輔《いとうしゅんすけ》（博文《ひろぶみ》）ら革新派の反対で容易に見通しが立たなくなった。

しかしこれについても、西郷が奇兵隊ら諸隊と直接談判して、五卿を福岡に移すことで妥協させることができた。

このようにして、この征長戦争は、実際に戦闘を交えることなく、終結したのであるが、翌慶応元年一月、高杉ら革新派のクーデターが成功して、長州藩は、討幕派が藩政を握ることになるのである。

幕府は、長州が戦わずして降伏したのは、幕府の威光によるものと過信し、しかも征長総督府の降伏条件には不服である、毛利父子と五卿を江戸に護送させよと言うのである。

しかし、五卿の江戸への護送を命じられた尾張・薩摩・筑前《ちくぜん》・宇和島の諸藩は動かないので、毛利父子には、江戸召致の命に背くなら将軍自らが兵を率いて乗り込むぞと、幕府（将軍家茂《いえもち》）は威嚇する。

四月、幕府は、前尾張藩主徳川茂徳《もちなが》に征長先鋒《せんぽう》総督を命じ、彦根・高田《たかだ》藩を先鋒として紀州《きしゆう》藩および譜代の一一藩に出兵を命じ、将軍の進発を五月一六日にすると公表した。

しかし、前の征長総督徳川慶勝《よしかつ》・副総督松平茂昭《まつだいらもちあき》、雄藩はこぞってそれに反対し、先鋒総督を命じられた茂徳も再征に反対で、就任を断った。幕府は、紀州の徳川茂承《もちつぐ》をあらたに征長先鋒総督に任じた。

大久保利通《おおくぼとしみち》は、近衛《このえ》内大臣や中川宮《なかがわのみや》あるいは二条《にじよう》関白への説得工作を行った。

ところが、五月、フランス公使ロッシュは、米英蘭を誘い、厳正中立と密輸禁止の申し合わせという名目で、長州の密輸ルートを断つという、幕府の援護を行い、ついで、九月一六日には、イギリス公使パークスが、本国の訓令に基づき、条約勅許を取り付けるためとして、兵庫沖に軍艦九隻を侵入させたのである。

これは、朝廷を大混乱に陥れた。将軍以下幕閣も事態の急迫を心配したが、この混乱の中で、幕府は、朝廷を上手に丸め込んだ。九月二〇日から翌日にかけて開催された朝議において、禁裏守衛総督一橋慶喜の強硬な主張をいれて、朝廷＝天皇は、長州再征に勅許を与えた。

大久保利通は、直後の九月二三日、西郷に書簡を送って、「天下万人御尤《ごもっと》もと存じ奉り候《そうらい》てこそ、勅命と申すべく候《そうら》へば、非義の勅命は勅命に非《あら》ず候」と、朝廷＝天皇のこの措置の不当性を断じたのである。

ここから、西郷や大久保たち討幕派の縦横の活躍が事態を変えるのである。

西郷は、坂本龍馬《さかもとりょうま》を連れて帰国して、久光《ひさみつ》の上京を求め、大久保は、福井に松平《まつだいら》春嶽《しゅんがく》を訪ね、吉井友実《よしいともざね》は、宇和島に伊達《だて》宗城《むねなり》を訪ね、上京を促した。薩摩と長州は、往年の対立関係や不信を克服して、急速に協同実現へと向かうのである。そして、翌慶応二年正月二二日、薩長連合が実現したのである。

ここにみられる政治過程は、この条の持つ意味を示していよう。幕府と慶喜の、姑息《こそく》な政治姿勢が、かえって薩長連合という反対勢力の結集を実現させ、幕府を窮地に陥らせたのである。

それにしても、大久保の「天下万人御尤もと存じ奉り候てこそ、勅命と申すべく候へば、非義の勅命は勅命に非ず候」なる言葉は、「公平」「公正」の基準の歴史的変化を如実に示すものであるといわねばならない。

三六　聖賢の書を空《むなし》く読むのみならば、譬《たと》へば人の剣術を傍観するも同じ

原文

三六　聖賢に成らんと欲する志無く、古人の事跡を見、迚《とて》も企て及ばぬと云ふ様なる心ならば、戦《いくさ》に臨みて逃るより猶《な》ほ卑怯《ひきよう》なり。朱子も白刃を見て逃る者はどうもならぬと云はれたり。誠意を以て聖賢の書を読み、其の処分せられたる心を身に体し心に験《けん》する修行致さず、唯个様《ただかよう》の言个様の事と云ふのみを知りたるとも、何の詮無きもの也。予今日人の論を聞くに、何程尤《もっと》もに論ずるとも、処分に心行き渡らず、唯口舌の上のみならば、少しも感ずる心之れ無し。真に其の処分有る人を見れば、実に感じ入る也。聖賢の書を空《むなし》く読むのみならば、譬《たと》へば人の剣術を傍観するも同

じにて、少しも自分に得心出来ず。自分に得心出来ずば、万一立ち合へと申されし時逃るより外《ほか》有る間敷《まじき》也。

訳文

三六　聖人あるいは賢人に自分もなろうという気概・志もなく、過去の聖人・賢人の事績を見て、とてもこのようにはなれない、そのようなことは自分にはできないなどと気弱な心でいることは、戦いを前に逃げるよりも、はるかに卑怯《ひきよう》な態度だ。朱子も、鞘《さや》から抜いた刀を見て逃げるものはどうしようもない者だと仰《おつしや》っている。まことの心をもって聖人・賢人の書を読み、聖人・賢人の行いの底にある心を、心と体で感じ取って自らもそのような心を得て行動できるように修行しなければならないのに、そのようではなく、ただ聖人・賢人の言葉や行いを知識としてのみ知ったところで、何の役に立つだろうか。

私は、今日人が話しているのを聞いて思うのだが、いかにもっともなことを論じても、実践できるように心を働かさず、ただ、口先の議論であるならば、少しも心に響かない。

実際に行動する人を見ると、感動を覚えるものだ。聖人・賢人の書をそのように実践する心をもってではなく、むなしく知識として読むことは、たとえば人が剣術をするのを傍観しているのと同じで、少しも身につかない。身につかなければ、万が一立ち合いなさいと言われたら、逃げるよりほかに手はないだろう。

❖解説

中国がアヘン戦争を仕掛けられてイギリスに敗北したというニュースは、多くの下級武士に、学習欲をかきたてた。藩校などでの教育や学習が、つい思弁的で、訓詁学的で、字面の考証のみに向かっていること、これでは目の前の現実に主体的に応じるだけの学問的素養にはならない。この自覚が、学習運動の基礎にあった。

肥後の横井《よこい》小楠《しょうなん》は、その体制内化した学問に対して、現実に能動的に働きかける学問として実学を主張した。したがって、実学とは、きわめて政治的な学問である。

一方、長州の吉田松陰の松下村《しょうかそん》塾は、知識を行動の源泉とした。陽明学は、その能動性の基礎にある、パッションを重視した。知《ち》行合一《こうごういつ》はそのパッションを現実的能力に高めるものであったに違いない。この陽明学は、その学問や態度を同じくするグループを形成しなかったというが、それは現実を背景にしたパッションが、あるいはそれを困難にしたのかもしれない。

大塩平八郎《おおしおへいはちろう》が、大坂東町奉行所与力《よりき》でありながら、反乱という重大な行為をしたのは、やはり陽明学に裏打ちされていたからである。一時の思いが、彼にそのような行為をさせたのではない、彼の学問的姿勢が、その行動となって発現したのである。だからこそ、事件は歴史的な意味を持つのであろう。

アーノルド・ジョゼフ・トインビーというイギリスの歴史家は、歴史は、過去と現在との対話である、と言ったが、専ら過去を相手にする学問である私たちの歴史学は、現在についての認識に深くかかわって発展してきた。

戦前の歴史学は、一九三〇年代の日本国民が、目の前の国家・権力あるいは社会をなんとか変革したいと思うところから出発した。

変革したいと思うのは、そこに堪えがたい、あるいは許しがたいと思う現実があるのであるが、その現実がなにゆえにどのようにしてわれわれに耐えがたきことを、許しがたきことを強いるのかなどを、発生論的に明らかにしたいとの切実な要請が、明治維新史研究を促した。

そのときの研究者の強靭《きょうじん》な思いは、研究の質を規定して、多くの示唆を残してくれているのである。だから、今なお、われわれは研究の困難に直面したときなど、決まってこのときの研究に立ち返るのである。

このように、直面した切実な課題が、つねに歴史学の研究の内容にまでかかわるとは限らないが、歴史学の方法は、この現実の中に汲《く》めども尽きぬ源泉を持っているのである。それは、古代史研究であっても、現代史研究であってもである。

朱子学は、本来、為政者のための学問である。聖賢こそが為政者にふさわしいのである。その聖賢になるためには、現実から得られた誠の精神が必要なのである、と西郷は力説するのである。

三七　天下後世迄も信仰悦服せらるるものは、只是れ一箇の真誠《しんせい》也

原文

三七　天下後世迄も信仰悦服せらるるものは、只是れ一箇の真誠《しんせい》也。古《いにし》へより父の仇《かたき》を討ちし人、其の麗《か》ず挙《こぞり》て数へ難き中に、独り曾我の兄弟のみ、今に至りて児童婦女子迄も知らざる者の有らざるは、衆に秀《ひい》でて、誠の篤《あつ》き故《ゆえ》也。誠ならずして世

に誉らるるは、僥倖《ぎょうこう》の誉《ほまれ》也。誠篤《あつ》ければ、縦令《たとい》当時知る人無くとも、後世必ず知己《ちき》有るもの也。

訳文

三七　世間の衆が、後々の世にいたるまで、信仰し、喜んで従おうとするものは、ただ一つ誠の心に対してだけである。

昔から、父のあだ討ちをした人はたくさんいるだろうが、曾我《そが》兄弟（祐成《すけなり》・時致《ときむね》）が、父（祐泰《すけやす》）の仇《かたき》工藤祐経《くどうすけつね》を富士野《ふじの》の狩場で討ち取ったにもかかわらず、兄は仁田《にったただつね》忠常に殺され、弟も処刑されてしまうという、鎌倉時代初期の曾我兄弟あだ討ちの話は、今は子どもも女性もみな知らないものはないほどであるが、それは、その兄弟が多くの人のなかでもとくにその誠の心が厚いことによるのだ。

誠の心がないのに誉められたとすれば、それは思いがけなく幸《さいわ》いの（こぼれ幸《ざいわ》いの）誉《ほまれ》であるが、誠の心が厚ければ、たとえ同時代にそれを知る人がなくても、後世に至って必ず知られるようになるものだ。

❖解　説

孟子の言葉に、「是ノ故ニ誠ハ天ノ道ナリ。誠ニセント思フハ人ノ道ナリ。至誠ニシテ動カサレザル者ハ未ダ之レ有ラザルナリ」（「離婁《りろう》・上」）というのがある。すなわち、誠は真実であって偽りのない心であり、これは天の道である。この道を身に体得して、真実で偽らず乱れないのが人の道なのである。

誠は人の道であり、この本性を認識するのが人間の生きる道なのだ。およそ、至誠にして感動しない者はいないし、誠ではないのに感動させる者などもいないのである、と孟子はいうのである。

もっとも、日本人の判官贔屓《ほうがんびいき》は、その悲劇の主人公に、誠を読むといった傾向があるかもしれない。その判官贔屓という言葉の源泉となった、薄命の英雄・源 義経《みなもとのよしつね》への思慕、村民の窮状を江戸へ出て直訴し、その身は妻子ともども磔《はりつけ》に処せられた下総《しもうさ》国佐倉《さくら》領は印旛《いんば》郡公津《こうづ》村の名主佐倉宗吾《さくらそうご》への同情と共感。こうした感情は、やはりその至誠と悲劇性を分離できないことから生まれたものであろう。

やがて、西郷が西南戦争で死したあと、同じような思いが、西郷星として、あるいはさまざまな生存伝説として、語られたのである。

三八　真の機会は、理を尽して行ひ、勢を審《つまび》らかにして動くと云ふに在り

原文

三八　世人の唱ふる機会とは、多くは僥倖《ぎようこう》の仕当てたるを言ふ。真の機会は、理を尽して行ひ、勢を審《つまび》かにして動くと云ふに在り。平日国天下を憂ふる誠心厚からずして、只《ただ》時のはづみに乗じて成し得たる事業は、決して永続せぬものぞ。

訳文

三八　一般にいわれる機会とは、たいてい思いもかけず成功したといった好機をさしていわれる。しかし、真の機会というのは、道理に適《かな》い、そのときの勢いを細部まであきらかにした上で、行動する機会（タイミング）ということでなければならない。通常は、天下国家を憂える真の心をあまり持たないのに、行きがかりというか成

りゆきで成功したと思える事業は、決して長続きはしないものだ。

❖解説

この条も、前条同様、誠の問題である。

儒教には、もともと「時・所・位」論というのがある。時・所・位は、事を実践するに際しての重要性の認識の序列である。したがって、事の成否にとって、時は最も重要な要素であると考えられている。

「時異《こと》なれば事異なり」（「東方朔《とうぼうさく》・答客難《かくのなんにこたふ》」）と、事の成否は時によるといい、時が違えば、行うこともその効果も違うのである。だから、「時を得るものは昌《さか》え、時を失うものは亡《ほろ》ぶ」（『列子』説符）のである。

魯《ろ》の施氏《しし》にふたりの子があり立派に出世したのを見て、隣の孟氏もそれをまねてそのふたりの子を遊説に出したところ、「あしきり」という、足の膝蓋骨《しつがいこつ》を切り去るという中国五刑のひとつにあって帰ってきたという。

孟氏は、同じことをしたのにどうしてこんな結果になったのかと施氏を責めたのに対して、施氏は、

「凡《およ》ソ、時ヲ得ル者ハ昌《さか》エ、時ヲ失ウ者ハ亡ブ。子ガ道ハ吾ト同ジキモ、功ハ吾ト

異ナルハ、時ヲ失ヘバナリ。行ヒノ謬《あやま》レルニ非ザルナリ。且ツ、天下、理ニ常ノ是《ぜ》無ク、事ニ常ノ非無シ。先ノ日ノ用フル所、今或イハ之ヲ棄《す》ツ」と答えたという。やっていることは間違っているわけではないが、道理がいつでも通るとは限らないのだし、事がいつも成り立たないというものでもないのだ、この前には役に立ったものが、今では捨てられてしまうこともあるのだ、というわけである。じつに、「時は得がたく失い易し」(『史記』斉太公世家《せいたいこうせいか》)なのである。

しかし、思いがけず、時ならず、成功することがあるものである。誠のあるなしが、その成功が、永続するかどうかを決定するのであろう。

三九　才に任せて為す事は、危くして見て居られぬものぞ

原文

三九　今の人、才識有れば事業は心次第に成さるるものと思へども、才に任せて為

す事は、危くして見て居られぬものぞ。体有りてこそ用は行はるるなり。肥後の長《なが》岡《おか》先生の如き君子は、今は似たる人をも見ることならぬ様になりたりとて嘆息なされ、古語を書て授けらる。

夫天下非誠不動。非才不治。誠之至者。其動也速。才之周者。其治也広。才与誠合。然後事可成。

訳 文

三九　今の人は、才能や知識があれば、どのような事業も思いのままにできると考えているが、才能に任せて行う事業は危なっかしくて見ておれない。本体（原理）があって初めてその働きがあるものだ。肥後の長岡監物《ながおかけんもつ》先生のような君子は、今になっては似ている人ですら見ることができなくなった、と嘆かれて、次の古語を示された。

それ天下は、誠にあらざれば動かず、才にあらざれば治まらず。誠、是至ればその動くや速やかなり、才、是あまねかればその治まるや広し。才と誠と合して、しかる後事なるべし。

と。世の中は、真の心と才能の両者がちょうどいい具合に折り合って初めておさまるのだ。

❖解説

「才」、すなわち才知とか才気と、「識」あるいは「徳」とは、元来別物である。「才余り有りて識足らず」「才余り有りて徳足らず」などという。識は、鋭い判断力や思考力をいう。だから、才は、識や徳と一緒になって初めて活《い》きるのである。

岩倉具視《いわくらともみ》が、明治二（一八六九）年正月二五日に、「政体建定・君徳培養《くんとくばいよう》・議事院創置・遷都《せんと》不可」の四か条を朝議に付すように、三《さん》条実美《じょうさねとみ》に建議しているが、その「君徳培養」について、「君側《くんそく》ニ侍スルノ人、其ノ才ヲ精選セサレハ、縦令《たとい》天資聡明《てんしそうめい》ニ渉ラセラル、ト雖《いえども》、或ハ聖徳ヲ累《るい》シ奉ルカ如キ事ナシト言フヘカラス」

と、天皇の側に侍臣《じしん》あるいは侍読《じどく》を配しなければならないけれども、その人を間違えれば大変なことになる、「臣子タル者ノ大罪決シテ逃ル可《べ》カラス」というわけである。

だから、公卿《くぎょう》・諸侯・徴士《ちょうし》の中から、人となりが「篤実謹言《とくじつきんげん》」であるもの、または「器識《きしき》高遠」であるもの、また「和漢洋ノ学問」あるものを間違いなく選んで、「君徳培養」に努めなければならない、というのだが、岩倉はさらに、「余リ才智鋭敏ナルモノハ却《かえつ》テ其任ニ非ラサル歟《か》」とつけ加えている。

この「才智」が、西郷の言う「才」であろう。才ばかりがさえている者は天皇の側近としては不都合だというのである。「器識高遠」である、識を具《そな》えているもの、「篤実謹言」である、徳を持つ人でなければならないのだというのである。

長岡監物は肥後藩の家老で、世襲家老の一つ米田《こめた》家の出である。天保三（一八三二）年に家老に就任し、藩校時習館の改革に着手した。このとき横井小楠《よこいしようなん》を抜擢《ばつてき》し、体制内化し訓詁学的に流れた時習館教育を批判して、実学をともに主張した。

水戸の戸田《とだ》忠敞《ただあきら》（忠太夫）や藤田《ふじた》東湖《とうこ》（ともに安政二年の大地震で圧死した）、あるいは越前藩の鈴木《すずき》主税《ちから》など諸藩の思想家・政治家と交わった。

西郷は、安政四（一八五七）年、江戸に行く途中熊本で監物を訪ね時事を談じ、その人物を高く評価した。

翌安政六年八月に監物は四七歳で没したが、西郷は配流の地、大島から、「実に悲涙の仕合い、個様《かよう》の衰微の世上、人傑悉《ことごと》くなくなり候儀歎《そうろうぎなげ》くべし、悲しむべし」と大久保《おおくぼ》利通《としみち》に書き送っている。

四〇　君子の心は常に斯《かく》の如くにこそ有らん

原文

四〇　翁に従て犬を駆り兎を追ひ、山谷《さんこく》を跋渉《ばっしょう》して終日猟り暮し、一田家《でんか》に投宿し、浴終りて心神《しんしん》いと爽快《そうかい》に見えさせ給ひ、悠然として申されけるは、君子の心は常に斯《かく》の如くにこそ有らんと思ふなりと。

訳文

四〇　翁に従って犬を走らせて兎を追い、山谷《さんこく》を巡り歩いて一日中狩をして過ごし、一農家に一夜の宿を借り、風呂《ふろ》から上がって、とても爽快《そうかい》な気分で、ゆったりと、君子の心はつねにこのようであってほしいものだ、と翁は言われる。

❖解説

西郷が書き残した漢詩で、一番多いテーマは秋で三一篇、次が春・梅の二六篇、そして次に多いのが山・猟の一八篇だという(山田尚二『新版　西郷隆盛漢詩集』財団法人西郷南洲顕彰会)。そのなかに、次のような詩がある。

山　行

駆犬衝雲度万山
豪然長嘯断峰間
請看世上人心険
渉歴艱於山路艱

犬を駆《か》り雲を衝《つ》いて万山《ばんざん》を度《わた》り
豪然《ごうぜん》長嘯《ちょうしょう》す断峰《だんぽう》の間
請《こ》う看《み》よ世上人心の険《けん》
渉歴《しょうれき》は山路の艱《かん》よりも艱なるを

山　行

山行全勝薬
連日与晴期
追兎捜栖伏
駆獒忘険夷

山行は全く薬に勝《まさ》り
連日晴《せい》と期す
兎を追うて栖伏《せいふく》を捜《さぐ》り
獒《いぬ》を駆って険夷《けんい》を忘る

帰来常節食
浴後不知疲
休道猟遊事
只宜少壮時

帰来《きらい》常に食を節《せっ》し
浴後疲れを知らず
道《い》うを休《や》めよ猟遊の事
只《ただ》少壮《しょうそう》の時に宜《よろ》しと

犬を連れて山に兎を追い、温泉に浸《つ》かって、満天の星を見る。西郷でなくても、まさに至福の時である。筆者は猟はしないが、温泉は大好きで、史料調査などで車を走らせていて、山間《やまあい》にひなびた温泉を見つけると、決まって一風呂浴びる。温泉のハシゴをすることもままある。

西郷は、日当山《ひなたやま》温泉によく行ったようであるが、霧島《きりしま》連峰の北斜面にある、白鳥《しらとり》温泉も西郷が好んだ湯であった。

一九七〇年代の終わりのころだったか、熊本から鹿児島に車を走らせていて、その温泉を見つけた。小さな湯船に身を浸していると、その湯の女将《おかみ》が、「お兄さん、そこの林の中に室《むろ》があるからそちらにお入りなさい、気持ちがいいから」と言ってくれる。

どのようにして行くのかと尋ねると、「みな、裸のまま走って行きなさるよ」と言うので、タオル一枚で前を隠して、備え付けの下駄《げた》を履いて走ること二、三分、小さな室があり、板戸だったか筵《むしろ》だったかを開けると、中は真っ暗。

暗闇の中から、「兄さん入るの、この奥が空いているよ」と女性の声。中からは外の私が見えるが、こちらからは些《ちっ》とも見えない。しかし、声を頼りに、何やら寝そべっている人をまたいでいくと、木の枕があり、そこに頭を、あとは並んで鰹節《かつおぶし》のように寝そべるだけである。

多くは湯治客で、農閑期に訪れる常連の客である。隣り合わせの、顔も見えない人と話しながら、三、四〇分も寝そべって、下からやんわりと上ってくる湯気に身を任せる。西郷も同じことをしたのだろうかと思いながら。その後、再び林の中を走って、打たせ湯を浴びて、最初の湯船に戻った。こんな温泉がかつてはあったのだ。

白鳥山頭涼処眠
起来神爽煮渓泉
瀑声松籟洗塵耳
占断茅廬一洞天

白鳥山頭の涼処《りょうしょ》に眠り
起き来たれば神爽《しんそう》にして渓泉《けいせん》を煮《に》る
瀑声松籟《ばくせいしょうらい》 塵耳《じんじ》を洗い
占断《せんだん》す茅廬《ぼうろ》の一洞天《いっとう》

（明治七年の作）

「白鳥温泉の朝、目覚めて谷川の水を汲《く》んで湯をわかす。滝の音、松風のざわめき、世俗に汚れた身も心もきれいに洗い流してくれる。粗末な庵《いおり》で神仙の境地をまるで独り占めだ」、と西郷は思うのである。

四一　才智之所在《あるところ》一《ひとつ》焉而已《のみ》

原文

四一　身を修し己れを正して、君子の体を具《そな》ふるとも、処分の出来ぬ人ならば、木《で》偶《く》人も同然なり。譬《たと》へば数十人の客不意に入り来んに、仮令《たとい》何程饗応《きょうおう》したく思ふとも、兼《かね》て器具調度の備《そなえ》無ければ、唯《ただ》心配するのみにて、取賄《まかな》ふ可《べ》き様有間《ま》敷《じき》ぞ。常に備あれば、幾人なりとも、数に応じて賄はるる也。夫《そ》れ故《ゆえ》平日の用意は肝腎《かんじん》ぞとて、古語を書て賜りき。

文非鉛槧《えんざん》也。必有　処事之才《ことをしょするのさい》。武非剣楯《けんじゅん》也。必有料敵之智。才智之所在一焉而已。

(朱、陳龍川《ちんりゅうせん》、酌古《しゃくこ》論序文)

訳文

四一　己れの身を正し、善を行い、君子の体を備えていても、決まりを作り、それに従って実践することができない人は、木偶《でく》の坊と同じだ。

たとえば、突然数十人の来客があったとき、たとえ充分にもてなしたいと思っても、予《かね》て鍋釜《なべかま》から椀《わん》や皿、箸《はし》にいたるまで器具や調度の備えをしていなければ、ただどうしようどうしようとうろうろ心配するだけで、整えることなどできはしない。

つねに備えをしておくなら、幾人でも、数に応じて整えることができよう。だから、常日頃からの備えが大事なのだといって、古語を示された。

文は鉛と板ではない。必ず、事を為《な》すための才があるのである。武は、剣と矛ではない。必ず、敵がどれほどのものかをはかる知恵があるのである。才能や知恵があるところは、只《ただ》の一箇所のみなのだ。

❖解説

この条は、第二二条（一二九頁）に「己れに克《か》つに、事事物物時に臨みて克つ様にては克ち得られぬなり。兼《かね》て気象《きしょう》を以て克ち居れよと也」とあり、第三三条（一六九頁）に「平日道を蹈《ふ》まざる人は、事に臨みて狼狽《ろうばい》し、処分の出来ぬもの也」とあることの繰り返しである。

ここに示された古語は、宋の陳龍川《ちんりゅうせん》「酌古論」の序文の中にある言葉である。陳龍川は、浙江《せっこう》省の人で、南宋が建国されて間なしの一一三九年に生まれた。日本でいえば平安時代の末期に当たる。

陳は、豪快な人物で、英雄豪傑のことを論評して、時局に処する参考のために「酌古論」を著したという。その序文の冒頭の文章は、「文武の道は一つ也」から始まり、それが陳がそこで言いたいことのすべてである。

西郷が、陳の文章に接した最初は、藤田《ふじた》東湖《とうこ》を小石川の水戸藩屋敷に訪ねたときである。その玄関の衝立《ついたて》に「推倒一世之知勇　開拓万古之心胸」（一世の知勇を推倒し、万古の心胸を開拓す）なる墨痕《ぼっこん》鮮やかなる書にいたく感激し、これは誰の語ですかと尋ねて、陳龍川の文章だと教えられたという。

すなわち、陳龍川が朱子の手紙への返答の中で述べた文章で、中国に侵攻してくる夷狄《いてき》に対して、正々堂々の陣を張り、正義の旗を掲げて、風雨雷鳴の中であろうと龍攘虎搏《りゅうじょうこはく》、変現出没の大決戦をして大功業をなす。そのためには、一世一代あらん限りの智恵と勇気を奮い起こして、万世の後までも影響力を及ぼす広大な心胸を耕し養っていかなければならぬ。そのことにおいては、私は皆よりもまさっているだろう、と言うのである。

その後、西郷は、龍川文集を愛読し、征韓論争の破裂後、帰郷して明治八年、吉野の寺山《てらやま》に吉野開墾社を設立した際、共同宿舎の壁に、この一四文字を揮毫《きごう》した。それほどに西郷は、陳龍川の文章を気に入っていたのである。

追加

一 事に当り思慮の乏しきを憂ふること勿《なか》れ

原文

一 事に当り思慮の乏しきを憂ふること勿《なか》れ。凡《およ》そ思慮は平生黙坐静思の際に於てすべし。有事の時に至り、十に八九は履行せらるるものなり。事に当り卒爾《そつじ》に思慮することは、譬《たと》へば臥床夢寐《がしようむび》の中、奇策妙案を得るが如きも、翌朝起床の時に至れば、無用の妄想に類すること多し。

訳文

一 事件に遭遇したり、あるいは何か物事を担当するときに、自分はなんと思慮が浅いことかとよく嘆くものだが、そんなことは必要ないものだ。

およそ、思慮というものは沈思黙考しているときに行うのがよい。そのようにすれば、緊急事態が発生したときには、その八、九割は実行されるものだ。

事件に遭遇したときに、出し抜けに思慮してみても、それは就寝中に夢の中で奇抜な作戦やよい思いつきを得たとしても、朝起きたときには、役立たずの妄想だったと思うことが多いのと同じである。

❖解　説

これも、二二条（一二九頁）・三三条（一六九頁）そして四一条（一九九頁）に同じである。夢の中で得た妙案が、目覚めたとき、すっかり記憶の中から喪失してしまっていたり、なんと陳腐なことと思うことは、今のわれわれもたびたびのことである。

二 春秋左氏伝を熟読し、助くるに孫子を以てすべし

原文

二 漢学を成せる者は、弥《いよいよ》漢籍に就《つい》て道を学ぶべし。道は天地自然の物、東西の別なし、苟《いやしく》も当時万国対峙《たいじ》の形勢を知らんと欲せば、春秋左氏伝を熟読し、助くるに孫子を以てすべし。当時の形勢と略《ほ》ぼ大差なかるべし。

訳文

二 漢学を勉強したものは、ますます漢籍から天の与えた道を学ぶのがよい。道は、人為によって作られたものではない、天地自然の摂理であって、東西の区別はないものだ。

いやしくも現今の万国対峙《たいじ》の形勢について知りたいと思うなら、『春秋左氏伝』を熟読するのがよい。そして、孫子をその補助とするのがよい。その当時の状況と

ほとんど大差ないだろう。

❖解　説

西郷は、つねに聖賢の書を読めという。そのなかから、堯舜孔子《ぎょうしゅんこうし》の道を学ばなければならない。それは、天地自然の道であり、仁である。

そして、また『春秋左氏伝』からは、歴史を学ぶべきだというのであるが、ここに、西郷の歴史観が明瞭《めいりょう》に示されている。すなわち、ここから学ぶべきは義である。歴史の事実から、西郷は、義を学び取れというのである。

「当時の形勢と略《ほ》ぼ大差なかるべし」というのは、今われわれが接している歴史学ではない。発展の史学ではない。歴史から抽出するもの、それが義である。

しかも、ここから得た仁義こそ、自らが践《ふ》むべき道であるというのである。西郷が、聖賢の書から多くを学んだのは、大島、いやそれ以上に沖永良部島《おきのえらぶじま》での牢《ろう》内においてであった。

解題

一　『南洲翁遺訓』の成立事情

『南洲翁遺訓』の刊行

西郷南洲翁遺訓は、一八九〇（明治二三）年一月一八日に、山形県西田川《にしだがわ》郡鶴岡《つるおか》町（現鶴岡市）大字高畑町甲三十一番地の三矢藤太郎《みつやとうたろう》を編輯《へんしゆう》兼発行人、東京麴町区《こうじまちく》有楽町《ゆうらくちよう》二丁目二番地の小林真太郎を印刷人として、東京京橋《きようばし》区西紺屋町《にしこんやちよう》の秀英社で印刷製本され、初めて世に出された。

これは、『南洲翁遺訓』の名で出されたものであるが、副島種臣《そえじまたねおみ》が巻頭に次の序文を寄せている。

南洲翁遺訓一巻、雖区々小冊子乎、当今之時有、足観于故大将之威容之儼与声音之洪者、独頼此扁之存。噫西郷兄何以蚤死乎。著茲書者誰、庄内酒井忠篤・菅実秀・松平親懐・和田光観・戸田務敏・赤沢源弥・勝山重良・三矢藤太郎・伊藤孝継・栗田元輔・池田賚・大島範古・黒谷謙次郎・石川静正・春山安勧・山口三弥・本間光輝也。

（南洲翁遺訓一巻は、取るに足らないちっぽけな冊子であるとはいえ、この今になってみれば、故西郷大将の威厳のある姿といい、その大きな声といい、それを感得しようとすれば、この書に頼るほかはないのである。ああ、西郷兄はどうしてそんなに早く逝ってしまったのか。この書を著したのは、庄内の酒井忠篤《ただずみ》・菅実秀《すげさねひで》・松平親懐《まつだいらちかひろ》・和田光観《わだこうかん》・戸田務敏《とだみちとし》・赤沢源弥《あかざわげんや》・勝山重良《かつやましげよし》・三矢藤太郎・伊藤孝継《たかつぐ》・栗田元輔《くりたもとすけ》・池田賚《いけだらい》・大島範古《おおしまのりひさ》・黒谷謙次郎《くろたにけんじろう》・石川静正《かずまさ》・春（山）安勧・山口三弥《やまぐちさんや》・本間《ほんま》光輝《みつてる》である。）

この、副島の序文中の酒井忠篤は、旧庄内《しょうない》藩のもと藩主であり、酒井忠宝《ただみち》はその弟で戊辰《ぼしん》戦争ただなかの明治元年一二月に酒井家を相続した最後の藩主である。以下、菅実秀・松平親懐（権十郎《ごんじゅうろう》）・和田光観・戸田務敏・赤沢源弥・勝山重良・三矢藤太郎・伊藤孝継・栗田元輔・池田賚・大島範古・黒谷謙次郎・石川静正・春山安勧・山口三弥・本間光輝と並べられた人たちは、具体的にはあとにふれることになるが、みな山形は旧庄内藩の家臣ばかりなのである。

要するに、庄内の旧臣の人たちの手でこの遺訓は編まれて刊行されたのである。このときの印刷部数はおよそ一千余冊で、三矢藤太郎・伊藤孝継・石川静正・富《とみ》田《た》利《とし》膳《のぶ》・朝岡良高《あさおかよしたか》・田口正次《たぐちまさつぐ》の六人が、本を抱えて全国の同志に頒布して歩いたという。

山田尚二によれば、三矢藤太郎は一八九〇（明治二三）年四月三日に庄内を発《た》って、六月二三日に帰宅するまで、九州・四国・大阪・東京を回遊して、鹿児島で一九冊、熊本で三九冊、柳河《やながわ》で四冊、佐賀で一一冊、福岡で二一冊、四国松山《まつやま》で七冊、高知二七冊、高松《たかまつ》一二冊、神戸で二冊、大阪一冊、そして東京で数十冊という具合に、『遺訓』を頒布している。

合わせても二〇〇冊にも満たず、とくに鹿児島で一九冊というのはあまりに少ないとの印象を持つが、西郷隆盛の未亡人に二冊手渡されていたりして興味深い。

熊本では、佐々《さっさ》友房《ともふさ》・津田静一《つだせいいち》・古庄嘉門《ふるしょうかもん》ら国権党の人たち、山田《やまだ》武甫《たけとし》・嘉《か》悦《えつ》氏《うじ》房《ふさ》ら実学派、有馬《ありま》源内《げんない》など民権派の人たちと、バランスよく手渡されている。

知事では、鹿児島県知事渡辺千秋《わたなべちあき》、佐賀県の樺山資雄《かばやますけお》知事、福岡の安場《やすば》保和《やすかず》知事、柴原和《しばはらやわら》香川県知事、調所広丈《ずしょひろたけ》高知県知事らがおり、また高知県では片岡健吉《かたおかけんきち》・林《はやし》有造《ゆうぞう》らが名を連ね、板垣退助《いたがきたいすけ》は神戸で『遺訓』を受け取っている（山田「荘内藩主・藩士の来鹿と遺訓の頒布」『敬天愛人』第二十号）。

庄内藩と薩摩藩

『遺訓』が、旧庄内藩の旧臣の手によって刊行されるに至ったのには理由があった。そのいきさつについて述べておこう。

話は、一八六七（慶応三）年一二月九日の王政復古のクーデターまで遡《さかのぼ》る。

このクーデターは、大久保《おおくぼ》利通《としみち》・西郷隆盛や岩倉具視《いわくらともみ》を中心にした武力討幕派の主導のもと強行された。

武力討幕派の武士たちは、出身の藩を超えて、諸藩（薩摩藩・長州藩・越前藩・土佐藩・芸州藩・尾張《おわり》藩）を動員する力を持っていた。その力を背景に、幕府＝徳川を倒し、藩体制に依拠しながらも藩を超えた討幕派の人脈で、天皇を中心に据えた新国家の建設を考えていたが、土佐藩や越前藩ら公議政体派は、幕府は倒しても慶《よし》喜《のぶ》の徳川家は朝廷とともに新政権に不可欠の要素と考え、ここに雄藩が参加して新政権をつくりたいと考えていた。

クーデターによって成立した新政権は、この二つの政治勢力と思惑が共存する形で出発したのである。

庄内藩兵による江戸薩摩藩邸焼き討ち

したがって、大久保や西郷たちにとっての、当面する大きな課題は、新政権内部の公議政体派に対して、その存立の根拠をなくすことであった。それには、慶喜＝徳川家を朝敵として討伐するのが最も都合のよいことであった。

慶喜は、将軍職を継いで以来一貫して大坂城にいたが、西郷は、さきに腹心の益満休之助《ますみつきゅうのすけ》（薩摩藩士で、城下高麗《こうらい》町に生まれた。少年時代から暴れん坊で、機敏だったという）や喜入《きいれ》の郷士伊牟田尚平《いむたしょうへい》を江戸に下らせて、芝《しば》・三田《みた》の薩摩藩邸に五〇〇人ともいわれる浪人を集めさせていたが、彼らに江戸市中の治安を攪乱《かくらん》させた。

そのようななか、一二月二三日に、江戸城西丸が炎上するという事件があった。旧幕府は、これは薩摩藩邸に巣くう浪人の仕業ではないかとして、その浪士の引き渡しを要求した。

これに対して、薩摩藩留守居篠崎彦十郎《しのざきひこじゅうろう》や益満は取り合わない。そこで、市中警衛の中心にいた庄内藩は、浪士への警戒を強化すると、浪士たちは、それに反発して庄内藩邸に発砲したのである。

そこで、警衛に当たる庄内藩を中心とする幕軍は、一二月二五日、ついに薩摩藩邸を包囲して、フランス人砲兵ブリュネにしたがって砲撃、焼き討ちにしたのである。

これにより、篠崎ら数十名が討ち死にし、益満休之助ら四十数人が捕虜に、伊牟田尚平ら六十数人は、邸《やしき》の南方上山《かみのやま》藩の攻撃場所を突破して品川に走り、折しも碇泊《ていはく》中の薩艦翔鳳丸《しょうほうまる》に乗り込み、神戸港に逃げた。

鳥羽・伏見の戦い

さて、この江戸の薩摩藩邸焼き討ちの情報は、三、四日のうちには大坂城の慶喜のもとに届いた。

ついで大目付滝川播磨守《たきがわはりまのかみ》は兵を率いて西上してきた。慶喜は重臣会議を開いて、討薩表を上り、兵力を率いて入京することを決したのである。

年が明けて慶応四年正月一日、滝川播磨守を上京させて、薩藩の罪状を数えた奏《そう》聞状《もんじょう》を上らしめ、二日陸軍奉行竹中丹後守《たけなかたんごのかみ》は会津・新選組《しんせんぐみ》などの兵を率いて伏見《ふしみ》街道を、老中松平豊前守《ぶぜんのかみ》は桑名《くわな》、見廻《みまわり》組、大垣《おおがき》などの兵を集めて鳥羽《とば》街道を、京に向かった。

この日の夕刻、慶喜が進撃を開始したとの報が朝廷に達すると、越前の松平慶永《まつだいらよしなが》(春嶽《しゅんがく》)や山内容堂《やまうちようどう》は仰天して、慶喜のもとに急使を派遣して挙兵を思いとどまらせようとしたが時すでに遅く、一方、西郷・大久保や長州の広沢真臣《ひろさわさねおみ》ら武力討幕派は、鳥羽・伏見で幕府軍を迎え撃つ準備にかかった。

討幕派は三日午後、三職・百官の緊急会議を開かせて、幕府軍が早々に大坂に引き揚げなければ、朝敵として断固討伐するとの決定を出させることに成功した。

こうして、西郷たちは、開戦のきっかけと大義名分を手に入れるのである。

三日夕刻、京都郊外の鳥羽・伏見でついに戦端は開かれ、武力討幕派の五〇〇〇の軍勢（七二頁参照）は、三日間の戦闘で、三倍もの幕府軍を敗走させたのである。西郷たちの思惑どおり、朝敵の汚名を着せられた慶喜は、戦いに敗れて大坂城に逃げ帰り、さらに六日軍艦開陽丸《かいようまる》で、江戸に落ち延びたのである。ここに、新政権は公議政体派存立の根拠を失い、武力討幕派の主導権が確定するのである。

一月七日、朝廷は慶喜追討令を発した。二月三日には征討の大号令が宣布され、一週間程かけて征討軍の編制が行われた。

西郷は、二月一二日に薩摩藩兵を率いて東海道《とうかいどう》を進発、途中一四日に征討大総督下参謀に任じられ、その後静岡・江戸・京都を往来して周旋に努め、江戸城の無血開城に至ったことはあまりにも有名な事実であろう。

江戸城が官軍に引き渡されたのは四月一一日のことである。慶喜は、この日、上野寛永寺の大慈院《だいじいん》を出て水戸に向かった。

東北戦争──庄内藩と西郷の温情

ついで、五月一五日の上野山内に屯集する彰義隊《しょうぎたい》との戦争に西郷は薩軍を率いて参戦し、勝利したが、会津藩は徹底抗戦の姿勢を示し、東北諸藩も会津を援護するとして、奥羽越《おううえつ》列藩同盟を結んだ。

庄内藩は、四月の上旬に会津藩と攻守同盟を結んで戦闘態勢を整えていた。

西郷は、在京の薩兵を海路、常陸と岩城《いわき》の国境の平潟《ひらかた》に上陸させて、白河《しらかわ》（五月一日に落城）の官軍に合流させる一方、自らは五月二九日江戸を発ち、京都で関東出陣の準備をしていた藩主忠義《ただよし》の東下を中止させ、六月一四日ともに鹿児島に帰着した。

それから出兵の準備をして、兵を率いて海路北越《ほくえつ》にむかって鹿児島を発ったのは八月六日のことで、この間七月二三日に西郷は、新政府から北陸出征軍総差引を命じられている。西郷率いる軍勢は、柏崎《かしわざき》を経由して八月一一日に新潟に上陸、残りの薩兵も八月中にぞくぞくと新潟に上陸した。

この間、棚倉《たなくら》城（六月二四日）、岩城平《いわきたいら》城（七月一三日）、二本松《にほんまつ》城（七月二九日）、

越後長岡城《ながおか》（同日）と、次々に陥落し、三春藩《みはる》・守山藩《もりやま》・相馬中村藩《そうまなかむら》などは、戦わずして官軍に帰順していた。

八月に入ると、会津包囲網が完成して、八月二三日鶴ヶ城《つるがじょう》攻撃が開始される。白虎隊《びゃっこたい》の奮戦や婦女子の奮闘にみられるように藩を挙げて防戦しているなか、米沢藩《よねざわ》と仙台藩があいついで帰順して、奥羽越列藩同盟はついに崩壊し、会津藩は孤立、ついに九月二二日降伏した。

さて、庄内藩は秋田《あきた》藩兵や新庄《しんじょう》藩兵との間で衝突を繰り返してはいたが、ダメージを受けることはなかった。

官軍は、庄内を南北東の三方から包囲した。薩兵は、秋田から南下して北から攻めた。庄内藩は、院内《いんない》口・清川《きよかわ》口でよく戦って藩境を守り、各地で官軍を撃退した。

しかし、同盟の諸藩のあいつぐ降伏といった事態のなかで、もはや戦争を続けることはできないとして、降伏に決し、九月二六日、使者を立てて降伏の意を伝えた。征討総督参謀の黒田清隆《くろだきよたか》は、直ちに鶴岡《つるがおか》城下に入り、藩校致道館《ちどうかん》に止宿、翌々八日藩主酒井忠篤に面謁《めんえつ》、兵器等の引き渡しなどの儀式を行った。

ところで、この降伏の際、庄内藩のものは藩主以下、江戸における薩摩藩邸焼き討ちに対する報復的措置がとられるであろうと覚悟していたという。しかし、武器・弾薬の接収は行われたが、藩主は丁寧にもてなされ、責任者の処分も行われず、総じて寛大な処置が行われたのである。

すなわち、庄内藩への処分としては、一二月に藩主酒井忠篤には、城地没収・東京での謹慎が命じられたが、別に一二万石を与え、家名の存続を許し、血縁のものに家督を譲るようにとの温情ある処置が言い渡された。

その結果、忠篤の実弟忠宝《ただみち》の家督相続を願い出ると、同月太政官《だじようかん》から会津《あいづ》若松《わかまつ》一二万石への転封《てんぽう》が言い渡される。その転封は是非免じられたいとの願を出すとそれも認められたのである。

翌年正月庄内の菅実秀は上京して、かつての参謀黒田清隆を訪ねて、降伏の処分が寛大であったことに感謝した。これに対して、黒田は、この処置はすべて西郷隆盛の指示であったことを明かしたのである。

この寛大な処置が、参謀黒田の意によるのではなく、その背後の人物、越後《えちご》松ヶ《まつが》崎《さき》に滞陣して指揮をしていた西郷隆盛の指示によるものであったとの話が、次第に鶴岡の人たちの中に広まったのである。

二　庄内藩士の薩摩行き

旧庄内藩主酒井忠篤一行の訪問

慶応四年九月八日、年号は明治と改まった。一一月鹿児島に凱旋《がいせん》後、西郷は好きな日当山《ひなたやま》温泉で体を休める。朝には山野に犬とともに兎を追い、夕には湯に体を浸して、詩作するという毎日を送っていた。

その日当山に、一八六九（明治二）年二月二五日、藩主忠義《ただよし》が村田新八を伴って西郷を訪ね、藩政に参与するよう求めたのである。政府からの出仕の督促を断った西郷も、感激して翌二六日忠義に従って鹿児島に戻り、藩の参政に任じられ、藩政改革を指導することになった。

こうして一八七〇（明治三）年末までの間、西郷は鹿児島で藩政にかかわりながら過ごすことになるのである（もっとも、この間、函館戦争のため、長州藩脱隊騒動に際して、また福岡藩の贋札《にせさつ》事件調査のため、藩外に出ている）。

西郷が、このように藩の参政として藩政改革に奔走しているときに、庄内藩（戊《ぼ》辰《しん》戦争後は大泉《おおいずみ》藩となるが、ここでは庄内藩で通すことにする）から、彼を頼って来訪者があったのである。

一八七〇（明治三）年八月、庄内藩の旧藩主酒井忠篤《ただずみ》は、犬塚盛巍《もりたか》・長沢惟和《ながさわこれかず》の藩士二名を鹿児島に遣わし、忠義と西郷に親書を贈り、以後の親交を求めた。これが戊辰戦後の庄内と薩摩の交流の始まりであった。

八月三日に鹿児島入りした犬塚は、市中を視察し、西郷はじめ藩の主立ったもの四〇人近くに面談し、西郷からは訓話（「犬塚盛巍への訓話」）を受け、九月には「薩州滞留中之大略」を忠篤に提出している。

これを受けて、一一月には、忠篤は近侍・藩士ら七八人をしたがえて鹿児島に着き、築地《つきじ》兵学寮に投宿した。山田尚二によれば、一一月七日に忠篤に随行したものの姓名が五〇人、その他楽隊・卒族合わせて七八名が随行者とされている。

一方、宮下満郎《みやしたまんろう》は、庄内藩の支藩松山藩（松嶺《まつみね》藩）の常備隊小隊長である川上十郎の「鹿児島日記」を紹介して、川上が隊員一四人とともに、英国式銃隊修業を命じられて上京、ここで長州行きを命じられたが、鹿児島行きを強く願って、それが実現、菅実秀《すげさねひで》のはからいで、宗藩《そうはん》（庄内藩）の神戸善十郎《かんべぜんじゅうろう》に同行して鹿児島に赴くことになったと、述べている（宮下「庄内と薩摩」『敬天愛人』第十四号）。

この、神戸（神部）善十郎は、さきの山田が示した名簿中に記載されているが、川上十郎はそこにはない。とすれば、川上ら一五人の松山藩士は、忠篤とともに鹿児島入りしたものとは別のグループということになるから、合わせて九三人の庄内藩関係者が鹿児島入りして、実に四か月半鹿児島に滞在して、軍事教練を受けることになるのである。

ちなみに、川上の日記から、興味深い記事を紹介しておこう。

毎朝「明過《あけすぐ》」（すっかり夜が明けてしまって）から四ツ時（午前一〇時ごろ）までは陣営で稽古《けいこ》をし、その後大手前の練兵場にでて、薩兵とともに修業をする。練兵場は、長さ三四町、幅一二町位で、中央に一五六間の「フラフ竿《ざお》」（旗掲揚台）があり、練兵のはじめに、毎日日ノ丸の旗を掲げ、練兵が終わるとそれを引き下ろす。川上は、こんなことをするなど思いもよらないことと驚いている。

一二月一二日に、川上らは初めて薩藩兵の練兵を見たが、四大隊の練兵で、大砲は五砲隊、運動は前車付で馬に引かせ放列、銃隊運動はたいていは駆け足で、強壮活発だと、感想を洩《も》らしている。

川上らが、最も驚いたのは、軍器所である。彼らは、銃拝借願書を提出して銃を受け取るのだが、軍器所に行くと、夥《おびただ》しい数の軍器が準備されている、いかな大藩でも、これほどの武器を保管してはいまいと、肝をつぶすのである。

そして、製鉄所、大砲弾製造所、大砲鋳造所、仕上場、雷帽子製造所、砲銃床台製造所、四斤半製施条砲製作所などを案内され、感嘆している。

西郷隆盛についての記述もある。西郷大参事の居宅は竹村《たけむら》といって、教練場からは左程遠くはない西田石橋《にしだいしばし》の近傍だが、出勤するときは、徒歩で供も連れていない、この大藩で「政道一人ノ大参事」とは「抜群ナル人物」なのだとわかると。

さて、西郷隆盛は、勅使の直接の来鹿と、要請を受け、もはや鹿児島に留《とど》まり続けることは不都合と考え、「二十四か条の意見書」を提出して、一八七一（明治四）年二月上京、やがて参議となり、廃藩置県を実現し、あわせて封建的諸要素の解体・中央集権政策の実現に中心的役割を演じ、また期待され、その年一一月末からの岩倉使節団の欧米回覧の旅に際しては、留守政府を守る参議筆頭として、廃藩置県につづく改革実行の先頭に立った。

西郷は、一八七一（明治四）年正月三日、鹿児島を出帆して、途中山口で木戸孝允《きどたかよし》と会い、毛利敬親《たかちかおやこ》父子に会い、ついで、木戸ともども高知に向かい、板垣退助《いたがきたいすけ》や福岡孝弟《ふくおかたかちか》らと会談、さらに神戸・大阪をめぐって東京に着いたのは二月二日であった。

直ちに親兵について協議、方針が定まって、二月一五日親兵徴集のために鹿児島に帰藩、そして、藩主忠義とともに、常備兵四大隊を率いて、四月二一日東京に着いた。

庄内の菅実秀が東京に西郷を訪ねてきたのは、その直後だったと思われる。この菅は、忠篤が藩主になると、そのもとで奉行職に就き、一八六三（文久三）年以来江戸市中取締の任に当たり、慶応三年に側用人《そばようにん》となったが、戊辰戦争が始まると急ぎ帰国して、庄内藩軍事掛として官軍に抵抗、政府軍を領内に踏み込ませずによく戦った人物である。

また、この年九月にも、旧庄内藩主酒井忠篤と弟の知藩事酒井忠宝《ただみち》が東京に西郷を訪問している。

征韓論争のいきさつ

しかし、一八七三（明治六）年の夏の初めから、思わぬ事態が発生した。朝鮮との交渉に関する問題であった。詳細について述べる余裕はないが、簡単に述べれば次のようになろう。

王政復古以来、朝鮮は新政府からの新たな国交の開始についての申し入れを拒み続けていたところ、ここにいたって釜山《プサン》の施設である草梁倭館《そうりょうわかん》の門に貼られた「伝令書」に、日本を侮辱する文言が書かれていたことから、断然征韓のための兵を挙げるべきだ、いや兵事とは重大事であるから兵を出した上で、談判をすべきではないか、との主張を添えて、朝鮮外交をいかにすべきかとの課題が、外務省から太政官《だいじょうかん》に出されたのである。

閣内でにわかに問題化して、参議板垣退助は、直ちに征韓の兵を送るべきであると主張すると、西郷は、この無礼の事態は出兵に値するが、出兵の理由、すなわち出兵する日本に大義があることについて、諸外国に説明しなければならないだろう、むしろ次のようにすべきだ、日本から、まず国書（勅書）を持った正式の使節（勅使）を朝鮮に派遣しよう、そうすれば清《しん》国を宗主国とする朝鮮は、「皇」とか「勅」とかの、外交交渉では中国の皇帝のみに使用を許されている漢字をちりばめた国書を持つ勅使を受けいれるはずはなく、きっと使節を殺害に及ぶに違いない。勅使が殺害されたとすれば、征韓挙兵の大義は公然たるものになろう、と述べ、その使節には西郷自身がなろうと主張して、八月の一七日の閣議はこの西郷の主張を了承した。

しかし、最終決定は、岩倉使節団の帰国後にすることにしたのである。

ところで、大久保《おおくぼ》利通《としみち》は五月二六日には帰国し、木戸《きど》孝允《たかよし》も七月二三日に戻っていたが、岩倉大使一行が長旅を終えて横浜港に帰り着いたのは九月一三日のことであった。

その後一か月、西郷・板垣・副島種臣《そえじまたねおみ》ら征韓（即行）派と大久保・岩倉・木戸・大隈重信《おおくましげのぶ》などの非征韓派（実は征韓時期尚早派）双方の種々の駆け引きのあと、一〇月一四、一五日の閣議は、最終的には三条実美《さんじようさねとみ》太政大臣の決断で、前の閣議の決定を了承して、西郷を朝鮮に勅使として派遣することに決したのである。

しかし、最終決定は天皇の裁可である。太政大臣が閣議の決定どおり上奏すれば、おそらく確実に裁可は下りる。

大久保は、この決定に抗議して辞表をたたきつける。動揺する三条太政大臣は、ついに熱を出して倒れてしまった。万事休すと覚悟を決めた大久保は、ここに活路を見出《みいだ》した。すなわち、岩倉を、太政大臣代行に据え、岩倉に上奏させることである。岩倉は、二三日「使を発するの日、乃《すなわ》ち戦《いくさ》を決するの日」であって、勅使派遣の策は採《と》るべきではないと上奏して、裁可をえたのである。

ここに西郷たちは敗北して、翌二四日、西郷は辞職願を出し、陸軍大将という職を残して免職となり、陸軍少将桐野利秋《きりのとしあき》も陸軍裁判所長を辞した。翌日、板垣・副島・江藤新平・後藤象二郎《ごとうしようじろう》の四参議も辞した。

こうして、一〇月二九日までに、陸軍少将篠原国幹《しのはらくにもと》を含め四六人が辞表を提出した。

西郷は、深川《ふかがわ》の米問屋越後屋の別荘にしばらく身を寄せたあと、一〇月二八日横浜を発《た》ち、一一月一〇日鹿児島に帰り着くのである。

征韓論争後の訪問

この西郷を鹿児島に追いかけたもと庄内藩士がいた。西郷の推挙で兵部省七等出仕に任じられていた酒井了恒《のりつね》（玄蕃《げんば》家老の家柄）は、伊藤孝継《たかつぐ》（酒井忠篤家家扶）・栗田《くりた》元輔《もとすけ》とともに鹿児島に赴き、征韓論の顚末《てんまつ》をくわしく聞いた。これは、酒井玄蕃筆記「心覚えの大意」として伝えられた。

また、同年一一月には、赤沢経言《あかざわつねこと》（源弥《げんや》）と三矢《みつや》藤太郎《とうたろう》が鹿児島を訪れている。

この二人の帰国に際して、西郷は、月山山麓《がっさんさんろく》の松ヶ丘《まつがおか》開墾場の人たちのために「気節凌霜天地知」の七文字を書いて贈ったという。

三矢が、帰国後西郷に宛てた書簡案（礼状案宮下満郎「庄内と薩摩」所収）によれば、西郷から教諭されたことを菅に話し、その折に認《したた》めてもらった「敬天愛人」の書を日に奉拝していること、また未《いま》だ雪も来ず、日々開拓山に出かけていること、また犬を追って兎狩りをしていることなどが述べられ、いかに西郷の影響が大きかったかを示している。

翌一八七五（明治八）年五月、庄内から、東京で会ったことのある菅実秀や石川静正《かずまさ》など八名が鹿児島を訪れている。このときの滞在は二十数日に及んだが、西郷は、忠篤・忠宝兄弟にドイツ留学などを勧め、また鶴岡の開墾事業などに対するアドバイスを行ったという。その開墾場でできた茶を持参して、同年一二月には伊藤孝継《たかつぐ》が再び鹿児島を訪れ、その茶銘を乞《こ》うている。このとき西郷は、伊藤が酒井了《のり》恒《つね》の意向を受けて連れてきた伴兼之《ばんかねゆき》・榊原政治《さかきばらまさはる》の青年の幼年学校（賞典学校）入りを、特別に許可している。この二人は、篠原国幹《しのはらくにもと》の家に寄宿して学校に通っていたが、西南戦争が始まるや、周囲の帰郷の勧めには応じず、参戦して西郷に殉じたという。

こうした庄内と薩摩、庄内と西郷の関係の深さから、西南戦争に際しては、庄内士族の動向を探る探偵が、山形県下全域に放たれた。

また、県令三島通庸《みしまみちつね》は菅や松平親懐《まつだいらちかひろ》を説得したという。菅は、赤沢経言ら門人たちに向かって、「これは決して西郷先生の真意から出たものでは無いだろう。道を直《なお》くして天下後世に示されたものと思う。われわれは一人でも生き残って、先生の大精神を明顕し、受けた教に依《よ》って斯道《しどう》を後に伝えてこそ、先生に対するの道である」とあるいは諭し、あるいは抑え、一触即発の空気を鎮静させたという（犬塚又太郎「南洲翁遺訓について」）。

『南洲翁遺訓』の刊行

このように、庄内の人たちは、鹿児島に赴き、あるいは江戸（東京）で、西郷に接し、折にふれて西郷の語ったことなどを、帳面に書き記し、あるいは記憶にとどめていた。

そして、西南戦争によって賊名を背負って死んだあとも、酒井忠篤は、西郷に親しく接し感化を受けた旧臣とともに、秋冬の交に魚鳥や蔬菜《そさい》を備えて小祭典を開いていたという。

一八八九（明治二二）年二月一一日、大日本帝国憲法が公布されたのを機に、西郷の賊名が除かれ、追贈が行われると、これを記念して上野公園山王台に銅像を建設することになり、伊藤博文や板垣退助・大隈重信・黒田清隆《くろだきよたか》ら五一人が発起人となったが、忠篤も発起人の一人になった。

そして、菅実秀は感激して、赤沢経言・三矢藤太郎に命じて、記録や記憶を集めて、『南洲翁遺訓』を編纂《へんさん》させたのである。

三　『南洲翁遺訓』の序文および跋文

『南洲翁遺訓』の初版本には、赤沢経言が起草し、菅が詳細に検討してつくられた「序」がある。次のとおりである。

抑《そもそも》西郷南洲翁ハ筑紫ノ一隅ニ生レ、天縦《てんしょう》ノ徳量ヲ稟《う》ケ、蚤《はや》ク宇内ノ形勢ヲ察シ、澆季《ぎょうき》ノ政、苟且婾安《こうしょとうあん》ニ流レ外患荐《しき》リニ迫リ、或ハ欧米ノ属隷トナランコトヲ憂ヘ、皇道ヲ興起シ、万国対峙《たいじ》ノ勢ヲ拡張セント欲シテ精誠ヲ尽スト雖《いえど》モ、時ノ猜忌《さいき》スル所トナリ、三タビ南海ノ孤島ニ竄《ざん》セラルルニ至ルモ、尚ホ自ラ誠心ヲ養ヒ、王室ヲ睠顧《けんこ》シ国威ヲ顕耀《けんよう》スルヲ以テ己レノ任トス。其ノ至誠ノ瑩徹《えいてつ》スル所、天人共ニ応ジテ終《つい》ニ能《よ》ク維新ノ鴻業《こうぎょう》ヲ造シ、天下皆ナ国家ノ柱石ト恃《たの》ム、而《しか》シテ昊天弔《こうてんちょう》セズ、日月ト光リヲ争フノ明徳昧昧《まいまい》トシテ、世ニ明カナラザルニ至ル。吾儕《ごせい》声ヲ呑テ哭《こく》スルコト久シ。今茲明天子翁ガ元勲ヲ追懐シ贈位ノ典有リ、吾儕之レヲ聞テ雀躍《じゃくやく》シテ曰《いわ》ク、是レ翁ノ盛徳ヲ明揚スルノ秋《とき》也ト、偶《たまた》マ翁ニ従游《じゅうゆう》ノ人、其ノ肖像ヲ輦轂《れんこく》ノ下ニ建テ、功業ヲ永世ニ顕照センコトヲ謀《はか》ルニ会ス。吾儕起《たち》テ之レヲ賛成ス。然《しか》リト雖モ、此ニ喜ブ所有レバ、彼レニ憂フル所有リ、華《か》ヲ弄《もてあそ》ビテ根ヲ問ハザルハ世俗ノ情也。翁ノ功業此ノ挙ニ由《よ》リテ再ビ世ニ明カナルニ至ルト雖モ、然《しか》レドモ世或ハ直ニ其功業ヲ賞シテ、而シテ功業ノ因《よつ》テ成ル所以ノ本ヲ察セザルヲ是レ憂フ。之レヲ草木ニ譬《たと》フレバ、本根必ズ繁殖シテ、而シテ後チ英華《えいが》外ニ発ス、夫レ英華ハ功業勲烈也。本根ハ徳也。其ノ徳盛ニシテ而シテ功業之レニ従フ、故《ゆえ》ニ其ノ本根ヲ棄テ徒《いたずら》ニ其ノ華ヲ賞セン乎。吾儕恐クハ翁ノ奥彩《おうさい》ヲ尽スコトヲ得ザランコトヲ、是ヲ以テ猥《みだ》リニ自ラ量《はか》ラズ、嘗《かつ》テ親承《しんしょう》スル所ノ遺訓ト其ノ盛徳トヲ録シテ、幷《あわ》セテ主旨書ト共ニ同好有志ノ諸君ニ啓スルハ翁ノ盛徳大業幷《ならび》ニ世ニ顕照センコトヲ欲スル也。然リト雖モ翁ハ乃《すなわ》チ一世ノ泰斗《たいと》、其ノ徳声ノ及ブ所《ところ》極メテ広シ。吾儕ノ承聞スル所、固《もと》ヨリ大倉ノ一粟《いちぞく》ノミ、請フ、四方同好ノ君子異聞《いぶん》アラバ垂教《すいきょう》ヲ吝《おし》ムナク、幸ヒニ此ノ条項ヲ増補シテ以テ此ノ挙ヲ賛成セラレンコトヲ。

この序文を、大まかに要約すると次のようになろう。

西郷隆盛は九州の一隅で生まれた。生まれながら徳を授かり、早くから世界の趨勢《すうせい》を観察することができた。

政治は乱れ、一時の安逸に満足しているとき、欧米列強の勢力は迫り、植民地化の危機さえ生まれた。そのような事態を憂えて、西郷は、朝廷を核に万国に伍《ご》していけることをめざして尽力したが、理解されず、最初は奄美大島へ、ついで徳之島・沖永良部島《おきのえらぶじま》へと三度も島流しにあった。

しかし、なお誠心を鍛えて、王政復古の実現を自らの任務として、尽瘁《じんすい》する西郷の姿に、天も人も味方して、明治維新の大業を成し遂げさせ、国家の柱石として立つことが期待された。

しかし、はからずも西郷は西南戦争で死んだが、その死を悼《いた》まず、その徳も世に明らかではないような事態に至った。

われわれはそれを衷心から悲しんできたが、今、天皇は西郷の、維新の元勲であることを思い起こして正三位《しょうさんみ》を贈位することとなった。

これを聞いて、われわれは飛び上がって喜び、今こそ西郷の盛徳を世に知らしめるときだと考えた。

たまたま、西郷にしたがい感化を受けた人たちが、西郷の肖像を天皇のお膝《ひざ》元《もと》（東京上野）に建てて、西郷の偉業をながく顕彰しようとはかった。

われわれもこれに賛成であるが、これに喜んでばかりはおれない。華々しさを弄《もてあそ》んで根本を問わないのが世の姿だ。これによって西郷の偉業は世に明らかにはなるが、その功業が何によって生まれたのか、その根本に関心が及ばないことを残念に思う。

これを草木にたとえれば、根を張り巡らして初めてそのうえに美しい花が咲くのだ。その花が偉業だとすれば、その根が徳なのである。だから、その根を棄てて花ばかりを褒めたのでは、西郷の奥底でさまざまに光彩を放つ徳にまで行き着かないのではないか。

そこで、われわれの勝手な判断ではなく、かつて西郷から親しく聞きえた遺訓とその徳とを記録し、あわせて主旨書と共に同志の諸君に申し上げるのは、西郷の盛徳と偉業をあわせて世に明らかにしたいと思うからである。

しかし、西郷は世人の仰ぎ見る人であり、その徳の声の及ぶ範囲は広く、われわれが聞き及ぶところは大きな倉庫の中の粟《あわ》一粒に過ぎない。四方の同好の士よ、別に聞かれていることがあれば、惜しみなくご教示願いたい、これに追加増補することで、われわれのこの事業に賛同あらんことを。

次に、「跋文《ばつぶん》」を示しておこう。

右数十章、翁ガ口授セラレシヲ吾儕紳《ごせいしん》ニ書シテ、朝夕服膺《ふくよう》スル所ノモノ也。然《しか》リ而《しか》シテ口ニ矢《の》ブルト筆ニ渉ルト間アリ。唯憾《ただうら》ム、吾儕操觚《そうこ》ノ拙《つたな》キ、能《よ》ク翁ノ辞気神思ヲ摹《も》写《しゃ》シテ、見ル人ヲシテ懍然《りんぜん》トシテ、旦暮《たんぼ》其ノ人ニ親炙《しんしゃ》スルガ如キノ感ヲ生ゼシムルニ足ラザランコトヲ。且《か》ツ翁ハ天下ノ大鐘、叩ク者ノ大小ニ従ヒ、其ノ声モ亦大小アレバ、其ノ奥蘊ニ至リテハ、吾儕固《もと》ヨリ測知スル能《あた》ハズト雖《いえど》モ、然レドモ尚ホ或ハ此ノ遺訓ヲ挙ゲテ其ノ功業ト並ビ照ラサバ、棟梁ノ材、王佐《おうさ》ノ徳、知《ち》行合一《こうごういつ》ノ君子ナルヲ知ルニ足ラン乎。吾儕幸ニ屢《しばしば》翁ノ函丈《かんじょう》ニ侍スルヲ以テ、請フ、嘗《かつ》テ蠡測《れいそく》スル所ノ盛徳ヲ状セン。噫《ああ》翁乎、天資英《えい》邁《まい》ノ質ヲ駆リテ深ク堯舜《ぎょうしゅん》ノ道ニ入リ、固ク克己《こっき》ノ学ヲ執《と》リテ篤ク上天ノ命ヲ敬ス。寛能ク衆ヲ容《い》レ、仁能ク人ヲ愛シ、王ヲ勤メテ能ク忠、人ニ与《く》ミシテ能ク信、事ニ臨ミテ能ク敬、変ニ処シテ能ク義、思慮淵深ニシテ規模宏遠、明カニ万国ノ要領ヲ知リ、審《つまび》カニ彼我《ひが》ノ長短ヲ弁ジ、幕府ノ奢侈《しゃし》文弱ヲ革《あらた》メ、武ヲ振ヒテ文明ヲ敷カント欲ス。事ヲ措シ業ヲ創《そ》スル、必ズ敬シテ天意ヲ迎ヘ、務メテ大体ヲ立テ、其ノ本源ヲ凡庸《ぼんよう》ノ測知スル能ハザルノ前ニ定ム。難キヲ先ニシ獲《う》ルコトヲ後ニシ、必ズ数世ノ後ヲ規《ただ》シテ、而シテ之レヲ処ス。処スルニ臨ミテ、事ノ難易ヲ問ハズ、身ノ患害ヲ顧ミズ、造次《ぞうじ》必ズ道ニ於テシ、顚沛《てんぱい》必ズ義ニ於テス。之レヲ望メバ恂恂《きようきよう》トシテ技能無キノ人ノ如ク、大節ニ臨ミ疑事ヲ決スルニ当リテ、一タビ言ヲ出セバ神明英発、正大ノ気蕩蕩《とうとう》トシテ江河ヲ決スルガ如ク、能ク之ヲ禦《とど》ムルコトナシ。居処恭倹《きよしよきようけん》ニシテ深ク驕奢《きようしや》ヲ戒《いまし》ム、身、上《じよう》将《しよう》ノ尊ニ処リ、羣臣《ぐんしん》ノ上ニ立ツモ、宅舎陋隘《ろうあい》衣服菲《ひ》薄《はく》閨《ねや》ニ妾媵《しようよう》ノ褻《けが》レ無ク、室ニ絲竹《しちく》ノ娯《たのし》ミ無シ、官給ノ余ス所、尽ク之レヲ親戚朋友ノ急ニ周《にぎわ》ス、王事鞅《おう》掌《しよう》ノ中、常ニ綽綽《しやくしやく》トシテ余裕有リ。道ニ志スノ士、教ヲ請フ者有レバ、循循《じゆんじゆん》トシテ之レヲ誘シ、倦怠《けんたい》ノ色ナシ。其ノ閑話清談ノ時ニ在リテハ、温容曖曖《あいあい》膝ヲ枕シテ眠ル可《べ》ク、道義ヲ論ジ、及ビ国事ヲ議スルノ談ニ至リテハ、峻貌嶽峙《しゆんぼうがくじ》、辞気《じき》厳厲《げんれい》、人ヲシテ懍然《りんぜん》トシテ、心形倶《しんぎようとも》ニ粛シ、精神頓《にわか》ニ発セシム。仰ギテ天ニ愧《はじ》ズ、俯シテ人ニ怍《はじ》ズ、夫レ此ノ如シ。故ニ其冠ヲ掛ケ故山ニ帰ルヤ、三州ノ士民、老者ハ之レヲ安ンジ、朋友ハ之レヲ信ジ、少者ハ之レニ懐ク。海内ノ士、皆ナ領《くび》ヲ延《ひ》キテ南望シ、其ノ風采ヲ想慕ス。実ニ人倫ノ表正ニシテ五百歳ノ名世《めいせい》也。古人謂《い》ヘル有リ、云《いわ》ク、其ノ人存スルハ其ノ政挙《あ》リ、其ノ人亡スレバ其ノ政息《そく》ス。又云ク、必ズ非常ノ人有リテ、而シテ後チ非常ノ功有リト。嗚《あ》呼《あ》数百歳ノ覇業《はぎょう》ヲ変ジテ能ク回天ノ業ヲ成ス者、一ニ翁ノ盛徳、彼レガ如キニ倚《よ》ル也。而シテ今已《すで》ニ既ニ没ス。詩ニ云ク、老成人無シト雖モ、尚ホ典刑有リト。故ニ吾儕翁ノ肖像ヲ建立スルニ当リテ、其ノ遺訓ト盛徳トヲ録シテ之レヲ公ニス。庶幾《こいねがわ》クハ天下同感ノ人ト篤ク此ノ遺訓ヲ諷味《ふうみ》シ、深ク其ノ懿徳《いとく》ヲ追想シ、敬天ノ恭ニ拠《よ》リ、愛人ノ仁ニ依リ、尊王ノ忠ヲ尽シ、顕親《けんしん》ノ孝ヲ期シ、躬《みずから》ノ故ニ非《あら》ザルノ勇ヲ振ヒ、能ク容ルルノ寛ヲ養ヒ、偏無ク党無ク、皇極《こうぎょく》ヲ翼賛シ、万国凌駕《りょうが》ノ道ヲ立テ、以テ国光ヲ海外ニ観《しめ》セバ、翁ニ於テ夫レ光有ランコトヲ。

庄内のこの『南洲翁遺訓』編纂《へんさん》に当たった赤沢経言や菅実秀らの、西郷理解がこの跋文の中に端的に示されている。これについても、大まかに現代語に訳しておこう。

遺訓の数十章は、西郷が話されたことを赤い薄布に書き記して、朝夕読んで肝に銘じてきたものである。

しかし、口から発せられるのと筆で書いたものとはどうしても同じとはいかない。恨めしいのは、われわれの文章が拙《つたな》いために、西郷の話され方や精神を写し取って、みる人の姿勢を正させ、朝となく夕となくその人に寄り添って感化を与えるようなものにならないことである。

また、西郷は天下の大鐘だ、叩《たた》くものの大小によって響く声も大小になるから、西郷の心の奥底までをはかり知ることはできないが、この遺訓を西郷の偉業と重ね合わせてみるならば、あるいは、国家の柱石となるべき能力と帝王を補佐するに相応《ふさわ》しい徳を備えた、知識と行為がバラバラでない優れた人物であることが知られるのではないか。

師とはしばしば接したとはいえ、一丈も離れてのことゆえ、ほんの僅《わず》かな見識をのみ汲《く》み上げたに過ぎないのだけれども、その汲み上げた盛徳をここに示したのである。

ああ西郷は、天性の優れた資質をもって堯舜《ぎようしゆん》の道こそ君子の道であるとの認識にいたり、私的な欲望を捨て去り自らの徳を磨くことを学問と心得、天の示す意志を篤《あつ》く敬った。

寛容の心で多くの民心を受けいれ、勤王・忠義の志を持ち、人を信じ、何事にも敬意の心をもって臨み、事変においては義を貫き、思慮深くその及ぶ範囲も広く大きい、世界の重要な事柄をも熟知して、互いの善し悪しをもわきまえ、幕府が贅沢《ぜいたく》で文事にふけって弱々しい状態であるのを改革して、武力を基礎に文明に導こうとした。

事をやめて、あらためて事をはじめるのに際して、必ず天の意志を敬してうかがい、まず概略を立てるようにして、その本源を、凡人がはかり知れないところに求めるのである。

困難なことは前に処理して、手に入れることはあと回しにし、数世代も後のことを考えて事に当たる。事に当たるにおいて、難易を問題にせず、己が身に災厄が起きるかどうかなど気にもせず、とっさのときや躓《つまず》き転んだときでも、道義を忘れない。

必要なときにはおどおどして技能のない人のようにしながら、重要な出来事に臨んで、疑わしい事柄に決着を付けなければならないときには、神のように明らかで才気があふれ出て、正しく堂々とした気力が漲《みなぎ》って大河を流れるようで、これを止めることはできない。

西郷の住まいは、慎ましやかで、衣服も粗末である。寝室に娼婦《しょうふ》が入ることもなく、歌舞音曲もない。官給があまればこれを親戚《しんせき》や友人のために費やし、国家のために立ち働いているときはつねに落ち着いて振る舞っている。

道を志す人や教えを乞《こ》いにくるものには、整然といざなって、面倒くさそうにはしない。雑談や風流な話のときには穏和で朧気《おぼろげ》で、膝を枕に寝ているような気配だが、話が道義のことや国事に及ぶと顔は厳しく大山のような風格を現し、発する言葉も厳格になり、周囲の人をひきしまらせ、心も形も厳粛な面持ちにさせ、気を奮い立たせるのである。

仰いで天に恥じることもなく、目を落として人に恥じることもなく、そのような人だから、官職を辞して故郷へ帰ると、三州（薩摩・大隅《おおすみ》・日向《ひゅうが》）の士民は、老人はこれで安堵《あんど》し、友人たちはこれを信じ、小さい者は親愛をあらわす。国内の士族たちは皆、首を伸ばして南方（鹿児島）を望み、西郷がどんな姿でいるのかと思いめぐらす。

人倫は正しく外に表れるものであって、五〇〇年間にして一人生まれる逸材である。古人が言うように、その人がいて初めて政治も成果が上がり、その人が亡くなると政治も終息してしまう。また尋常でない人が出て尋常でない偉業が生まれるのだとも言う。

ああ、数百年の幕府政治を変革して維新の偉業を成し遂げさせたものは、何よりも西郷の盛徳によるものだ。しかし、今すでに西郷は死んでしまっている。

『詩経』大雅《たいが》篇の蕩《とう》の詩は、「老成人（熟練の人）はいなくなっても、なお手本は残されているのだ」、と詠んでいる。だから、われわれは肖像が建立されるのにあたって、その遺訓と盛徳を記録して公にする。

心から願う、天下の同じ思いの人と、この遺訓をじっくりと味わい、その美徳を思い起こしてくれることを。

そして、敬天という謙虚に自らの誠の足らないところを尋ねる心、愛人という親愛の情を万人に広めようとする心をもって、天皇に忠誠を尽くし、父母先代の精神に光を当て、何事にも恐れない勇気を奮い起こし、寛容の心を養い、不偏不党、天子の教え示すところを支持し補佐して、万国をしのぐ道理の道を立て、そうして国光を海外に示すなら、西郷の盛徳も光ることになろう。

四　『南洲翁遺訓』の主題とその背景

為政者のあるべき姿

本書に掲げた西郷隆盛の遺訓四一条および追加二条のあわせて四三条は、いずれも政治の要路に立つ為政者のあるべき姿勢や心構え、あるいはとるべき政治の基本に関するものである。

もちろん、そのなかに時代に生きる人間そのものの生き方にかかわる教訓が述べられているが、それも主に為政者のあるべき姿とかかわらせて論じられているといえる。

それは次のような事情によるものだろう。まず何よりも、西郷隆盛という人物がたどってきた歴史にかかわっている。郡方書役助《こおりかたかきやくたすく》という農政担当の役人であった西郷が、藩主島津斉彬《しまづなりあきら》によって藩主近くに侍する御庭役に取り立てられたのは、ペリーが黒船四隻とともに浦賀に来港した一〇か月後の一八五四（安政元）年四月のことであった。

世の騒然とするなか、開港問題・将軍継嗣問題という、幕政に直接かかわる問題を背負わされて、江戸・京都を周旋して渉にあたった。

水戸の藤田東湖《ふじたとうこ》、肥後の長岡監物《ながおかけんもつ》・津田山三郎《つださんざぶろう》、越前の橋本左内《はしもとさない》ら諸国の重要人物と出会い、時世を論じ、かつ藩主斉彬の意を承けて、水戸藩主徳川斉昭《なりあき》や越前藩主松平慶永《まつだいらよしなが》（春嶽《しゅんがく》）、福岡藩主黒田長溥《くろだながひろ》、幕府老中阿部正弘《あべまさひろ》、あるいは将軍夫人天彰院《てんしょういん》、また近衛忠熙《このえただひろ》に直接面会するなど、多くの為政者と交渉を持った。

斉彬の急死のあと、安政大獄の嵐の中で、斉彬に代わって藩政を握った島津久光《ひさみつ》によって、一八五九（安政六）年の年頭に奄美大島に流されることになったが、それまでの五年弱の間に、西郷は薩摩藩政にとって無視しえない存在になっただけではなく、薩摩藩が幕府や諸藩のなかで、雄藩として影響ある地位を占めるために、必要不可欠の人物となったのである。

そして、一八六四（元治元）年に沖永良部島《おきのえらぶじま》から帰還してからは、武力討幕派として西郷は、薩摩藩という一個の藩の枠を超えた大きな存在となった。

ともあれ、西郷が、歴史の激しい変動のなかでさまざまな生き様をみせる為政者に接触してきたこと、また西郷自身が、維新変革の指導者の一人として、また新政府の要路に立つ存在となったこと、そのことによって、否応《いやおう》なく為政者のあるべき姿についてつねに考えざるをえなかったのである。

政府への批判

第二は、この遺訓としてまとめられることになった西郷の談話が、一八七〇（明治三）年から翌年にかけて、および一八七四（明治七）年という、西郷の去就がとりわけ大きな意味を持った時期だったからである。

一八七〇（明治三）年八月、庄内《しようない》藩の旧藩主酒井忠篤《ただずみ》が、犬塚盛巍《もりたか》・長沢惟和《ながさわこれかず》の藩士二名を鹿児島に遣わし親交を求めたのが、庄内と薩摩の交流の始まりであったことは先に述べたところである。

その犬塚の復命書「薩州滞留中之大略」を受けて、一一月には、忠篤は近侍・藩士ら七八人を随《したが》えて鹿児島入りしたのである。

その復命書の中に、こんな話がある。

政府から西郷に、昨年（明治二年）以来たびたび政府に出仕するようにとの要請があった。同藩の者も、出府してはどうかと勧めたようだが、それに対して西郷は、

「お前たちは、私に向かって朝廷の役人になれといって、私を敬っている風であるが、今の朝廷の役人が何をしていると思うのか。多くのものは月給を貪《むさぼ》り、大名屋敷に住んで、何ひとつまともな仕事をしていない。悪く言えば泥棒なのだ。お前たちは同藩の者に、泥棒の仲間になれと言っているのと同じなのだ。それは私を敬うどころか、いやしめることになるのだ」

と言って、大笑いをしたという。

西郷は、ここでは今の政府が、自らが出仕するにたる政府ではないから、たびたびのお召しを断っているのだと言っているが、政府の有司となることについては、

西郷はもともと気が進まなかった。

新政府において武力討幕派がヘゲモニーを握るところまでは、西郷は何としてでもやり遂げなければと考えていた。それが、鳥羽《とば》・伏見《ふしみ》の戦いで、朝敵としての慶喜《よしのぶ》の軍勢を破ることでその課題は果たされたのである。このことは、西郷の思想や行動を考える場合のいわば根本問題であるから、少しくわしく述べておきたい。

朝臣と藩士の間

王政復古のクーデター直後から、新政権は、このクーデターに直接大きな役割を演じた、いわゆる雄藩はもちろん、その他の藩（戊辰《ぼしん》戦争を戦っている東北諸藩は除いて）からも、討幕運動にかかわったり、その理論的主張を行っていたりしていた武士や草莽《そうもう》を一本釣りで政府に呼び入れたのである。これを「徴士《ちょうし》」という。

たとえば、長州の木戸《きど》孝允《たかよし》や広沢真臣《ひろさわさねおみ》、肥前の大隈重信《おおくましげのぶ》、土佐の板垣退助《いたがきたいすけ》・後藤《ごとう》象二郎《しょうじろう》、越前の由利公正《ゆりきみまさ》、あるいは肥後の横井小楠《よこいしょうなん》らであるが、最後の小楠の場合、小楠自身は新政府への出仕を了解するけれども、肥後藩は認めたくない。

小楠は、肥後藩内の実学派と呼ばれる政治勢力の支柱であり、越前藩の松平《まつだいら》春嶽《しゅんがく》に乞《こ》われて藩政改革の指導を行うなど活躍したが、藩政の主流派であるいわゆる学校党勢力と対立し、一八六二（文久二）年の「士道忘却事件」（酒宴の席を暴漢に襲われたが、その場に刀を用意していなかったため、急ぎ藩邸に刀を取りにいっている間に仲間が傷を負ったという事件）を理由に、世禄《せいろく》を没収され、沼山津《ぬやまづ》という寒村に閑居させられていた。

藩の思惑にもかかわらず、小楠の思想は西郷はじめ幕末の志士たちに多くの影響を与えており、坂本龍馬《さかもとりようま》なども来るべき新政府に不可欠の人物として評価していた。だから、新政府が小楠を徴士として呼び出すのは至極当然のことであった。肥後藩は気にくわないが、幾度かの催促で、結局は小楠の出仕を認めざるをえない。ここで、肥後藩は、小楠の出仕によって自藩の利益が損なわれるのではないかと恐れるのである。

このように明確な対立関係ではなくても、徴士は新政府の意向で選任されるのだから、それは藩の意向とは必ずしも同一になるとは限らない。

しかも、政府は、慶応四年二月一一日に、「徴士に選ばれた者は、その命を受けて、即日から朝臣と心得てまったく出身の藩とは関係・混合しないように心得なさい」との達を発したのである。

しかし、これでは戸惑う役人が出てくるのは言うまでもないことである。この達が出た直後に、木戸孝允と広沢真臣は、連署して次のような嘆願書を出している。

つまり、「われわれは主人（長州藩主毛利敬親《たかちか》）の言いつけで上京して、討幕のために活動してきた。そして新政府ができ、そのまま徴士として京都に留まっている。すべて主人の命を受けて御用を勤めてきたのに、天皇の臣下として、藩の上に立つことは、臣子の情として忍びない」というのである。

つまり、毛利の家臣であることと、天皇の臣下であることとの間で、苦しんでいるのである。維新の功臣といわれる木戸ですらこのようなのである。

では西郷の場合はどうだろうか。

西郷は、薩摩藩士である道を、選択したのである。

西郷は、先に述べたように、その活動と主張、そして存在そのものが、薩摩藩という枠を超えていた。

しかし、西郷には、その自らの存在は、あくまでも島津斉彬という尊敬すべき藩主によって与えられたものであるとの思いがあった。思いがあったという程度のことではなく、それは彼の生涯を規定する程の重みを持っていたのである。

したがって、斉彬の急死のあと藩政を握り、しかも国父という幕府公認の地位を得て、内外に振る舞った久光（藩主忠義の父）によって、二度の島流し（島は三か所）

という苦しい仕打ちを受けながらもなお、西郷にとって薩摩藩は大切と思う存在であったのである。

慶喜追討の兵を挙げるときも、有栖川宮熾仁《ありすがわのみやたるひと》を大総督として征討大総督府がつくられ、西郷が下参謀に任命されることになった。

しかし、西郷はそれを請けたくないので、有栖川の出発の一五日を待たずに、さっさと薩藩兵を率いて一二日に東海道を進発してしまった。しかし、名古屋を過ぎてから、一四日付の辞令が届けられたというのである。それでも、辞令は受けたくないと抵抗している。

この西郷の態度には、幕府追討の戦争を、幕府に対する薩摩藩の私闘であるとの非難を避けたいとの思いがあることは言うまでもないが、薩摩藩士として、薩摩藩兵とともに戦いたかったのだと考えられるのである。

しかし、本人の思惑とは別に、彼の存在の大きさと、戦略・胆力が、江戸城の無血開城という一つの解決を導きだしたのである。その後、上野戦争を大村益次郎《おおむらますじろう》の指揮下で、薩兵を率いて戦ったあとのことは、すでに述べたところである。

このように、新政府の要路に立つ人物として嘱望されながら、敢《あ》えて自藩に戻ったのであり、ここから為政者のあるべき姿を、現政府への批判を含めて、西郷は語ったのである。

第三に、西郷に意見を求めた者たちが、庄内藩の旧主をはじめとする人たちであったからであろう。このことについては、これ以上言う必要はないであろう。

五 『南洲翁遺訓』の構成

『南洲翁遺訓』の全四三条は、相互に重なり合った内容を持つものであるが、編者はそれなりに構成を考えたものと思われる。通覧して、おおよそ次のように構成されたものと思われる。

追加の二条は、先に紹介した「序」の末尾にあるように、「異聞アラバ垂教《すいきょう》ヲ吝《おし》ムナク」の呼びかけに応《こた》えて追加されたものである。

一から七までの七条および一九条二〇条は、為政者の基本的姿勢と人材登用に関するもの。

八条から一二条までの五か条は、為政者が進める開化政策に関するもの。

一三条から一五条の三か条は、国の財政・会計に関するもの。

一六条から一八条の三か条は、外国交際に関するもの。

二一条から二九条までの九か条および追加の二条は、敬天愛人を中心に、天と人として踏むべき道に関するもの。

三〇条から四一条までの一二か条および追加の一条は、聖賢・士大夫《したいふ》あるいは君子に関するもの。

西郷隆盛略年譜

西暦	年号	事項
一八二七	文政一〇	12月7日、鹿児島城下下加治屋町で父九郎（のち吉兵衛）・母マサの長男として生まれる。
一八四一	天保一二	元服。吉之介隆永と名乗る。
一八四四	弘化元	藩の郡方書役助となる。
一八四六	弘化三	下加治屋町郷中の二才頭となる。
一八五二	嘉永五	9月、家督相続願を提出。
一八五三	嘉永六	3月、善兵衛に改名。
一八五四	安政元	正月、郡方書役助から中御小姓に昇進。3月6日、斉彬の参勤に従い江戸着。4月、庭方役仰せつけられる。水戸の藤田東湖・戸田忠太夫と交わる。
一八五五	安政二	12月末、橋本左内が初めて来訪する。
一八五六	安政三	3月までに、吉兵衛に改名。
一八五七	安政四	10月、徒目付・鳥預・庭方兼務仰せつけられる。11月、熊本で長岡監物・津田山三郎らと会う。12月から、斉彬の命により将軍継嗣問題で周旋を開始する。
一八五八	安政五	7月16日、藩主斉彬急死する。帰藩して殉死しようとするが、清水寺の僧月照に慰められる。9月、安政の大獄が始まり、近衛家から僧月照の保護を依頼される。月照・有村俊斎とともに帰藩の途につく。11月15日、月照・平野国臣とともに日向送りの船に乗る。16日、大崎ヶ鼻沖で、月照と抱き合い入水。西郷のみ蘇生する。12月末、菊池源吾と改名。

一八五九	安政六	1月12日、奄美大島竜郷村で潜居はじまる。11月8日、愛加那と結婚。
一八六一	文久元	1月2日、長男菊次郎誕生。
一八六二	文久二	2月12日、鹿児島帰着。15日、大島三右衛門へ改名。徒目付・鳥預・庭方役に復帰。3月13日、島津久光から下関で待機せよとの命を受け村田新八とともに鹿児島出発、22日下関着、京摂の事情を知り、その夜下関発、27日大坂着。6月6日、吉之助に改名。久光の怒りを買い徳之島に配流。村田は喜界島へ。閏8月沖永良部島和泊の囲いにはいる。
一八六四	元治元	2月28日、鹿児島に帰着。3月19日軍賦役となる。4月14日、小納戸頭取となる。7月19日、禁門の変で藩兵参謀。24日、幕府、西国二一藩に征長出兵を命じる。9月11日、大坂で初めて勝海舟と会う。11月、吉川経幹と三家老処分・五卿移転等で交渉、解兵に向け尽力する。
一八六五	慶応元	5月9日、大番頭に昇進し、一身家老組となる。
一八六六	慶応二	1月21日、京都の小松帯刀邸で坂本龍馬立会のもと木戸孝允と薩長同盟を結ぶ。9月、大目付に昇進、陸軍掛りに任ぜられる。10月、大目付役返上。
一八六七	慶応三	2月、四侯会同案の藩議まとまる。6月、後藤象二郎、坂本龍馬らと薩土盟約を締結。10月14日、討幕の密勅下り、小松・大久保と連名で請書に署名する。12月9日、王政復古クーデターで、諸藩兵を指揮。
一八六八	明治元	1月3日、鳥羽・伏見の戦いで薩兵を指揮。17日海陸軍掛および徴士、2月14日、東征大総督府下参謀に任じられる。3月13日、江戸高輪の薩摩藩邸で勝海舟と会見。4月11日江戸城開城。5月15日、上野戦争で薩兵を指揮。7月23日、北陸出征軍総差引に任じられる。9月27日、山形庄内着。黒田清隆に庄内藩の寛大な処分を指示。11月、帰鹿。

一八六九	明治二	2月26日、藩の参政に任じられる。
一八七〇	明治三	7月、鹿児島藩大参事となる。12月、勅使岩倉具視・大久保利通に親兵設置を提案。
一八七一	明治四	4月21日、常備兵四大隊を率いて藩主忠義と上京。6月25日参議に任じられ正三位に叙せられる。7月14日、廃藩置県断行。10月、大久保利通の外遊中、大蔵省事務監督を兼任。
一八七二	明治五	5月23日～7月4日、天皇の西国行幸に従う。7月20日、参議兼陸軍元帥・近衛都督となる。
一八七三	明治六	5月10日、陸軍大将兼参議となる。8月17日、閣議で西郷の朝鮮使節派遣決定。10月15日、閣議で朝鮮への使節派遣再決定。23日、岩倉太政大臣代行の上奏で使節派遣中止。西郷、陸軍大将・参議・近衛都督を辞し、位記返上を申し出る（参議・近衛都督の辞表は受理）。11月、鹿児島着。
一八七五	明治八	4月、吉野寺山に私学校・吉野開墾社を設立。
一八七七	明治一〇	2月5日、私学校で挙兵を決定、17日、鹿児島進発、22日、熊本城総攻撃開始、25日、陸軍大将解任、位記剥奪される。9月24日、鹿児島城山で別府晋介の介錯で自刃。
一八八九	明治二二	憲法発布の大赦で、正三位を追贈される。
一八九二	明治二五	12月18日、東京上野の銅像（高村光雲作）除幕。

読書案内

西郷隆盛に関する文献は膨大な量にのぼる。ここでは、資料的価値の高いもの、およびその資料を駆使して書かれた西郷に関する研究書を紹介する。

資料

『大西郷全集』全三巻、一九二六年〜二七年、平凡社

西郷隆盛没後五〇周年を記念して編纂《へんさん》された。三宅雄二郎《みやけゆうじろう》の監修のもと、元文部省維新史料編纂官渡辺盛衛《わたなべもりえ》が主となり編纂した。一巻は安政元年八月二日から慶応三年八月四日までの書翰《しょかん》一五九通を、二巻は慶応三年八月一六日より明治一〇年九月二二日までおよび年月未詳の書翰類二五六通を収録し、三巻には年譜・伝記・詩歌・漢文・草稿・補遺が収められた。書翰類は、写真版・翻刻・解説がともに収録され、きわめて信頼性の高い作品である。

『大西郷書翰大成』全五巻、渡辺盛衛編、一九四〇〜四一年、平凡社

『大西郷全集』の編纂にかかわった渡辺が、所載書翰中一点を疑わしいとして削除し、新たに発見された書翰を加え計四三九通を一〜四巻に掲載している。五巻には、詩歌・漢文・草稿とともに、全集には収められなかった遺訓・遺教等が収められた。

『西郷隆盛全集』全六巻、西郷隆盛全集編集委員会編、一九七六年〜八〇年、大和書房

西郷隆盛没後一〇〇周年を記念して編纂された。一巻から三巻には西郷の書翰、四巻には

詩歌・漢文・草稿・遺訓・西郷家万留、五巻には来翰および月照・西郷隆盛入水《じゅすい》一件など参考資料、六巻には西郷論集成・西郷隆盛年譜・関係人物略伝・関係文献目録が収められている。書翰は『大西郷書翰大成』を底本に、さらに新出資料を加えて充実させているが、すべて読み下し文に、仮名遣いも現代仮名遣いに変えられている。六巻の西郷論集成・関係人物略伝・関係文献目録は便利で参考になる。

『西郷隆盛文書』日本史籍協会編、一九二三年、日本史籍協会

西郷の書翰のうち代表的な一八〇通のほか、文書・漢詩・南洲手抄言志録等を収録している。

研究書

『西郷隆盛』上・下、井上清、中央公論社、一九七〇年

『西郷隆盛のすべて』五代夏夫編、新人物往来社、一九八五年

『西郷隆盛―西南戦争への道―』猪飼隆明、岩波書店、一九九二年

「敬天愛人」第一号〜第三四号、西郷南洲顕彰会専門委員会編、一九八三年〜二〇一六年、(財)西郷南洲顕彰会

これは、毎年、西郷の命日九月二四日を期して刊行されている西郷南洲顕彰会の雑誌である。西郷あるいはその周辺、西南戦争等に関する論文などを収録している。思い入れに満ちたものから実証的な研究・史料紹介などさまざまであるが、大いに参考にできる雑誌である。

『新版　西郷隆盛漢詩集』山田尚二編、財団法人西郷南洲顕彰会、二〇〇〇年
『西郷隆盛漢詩集』山田尚二・渡辺正共編、財団法人西郷南洲顕彰会、二〇〇八年
『西郷隆盛漢詩全集』松尾善弘著、斯文堂、二〇一〇年

西郷隆盛は、初刊五〇〇余通とともに漢詩二〇〇篇を残したといわれる。西郷の「作詩とその書については絶対的評価を得ている」（山田）といわれるが、いっぽう「わかりにくいとの風評」もあるという。いかなる歴史的境遇のもとで詠まれたのか、いかなる心境を詠んだものなのか、それを作詩の作法、平仄《ひょうそく》・押韻《おういん》の厳密な検討を含めて理解することが必要である。検討の素材として参考になる。

『西郷隆盛関係文献解題目録稿―西郷隆盛観の変遷の跡を追って―』野中敬吾編、私家版、一九七八年

これは、西南戦争百年を期して刊行されたもので、西郷隆盛個人に関する伝記・評伝・伝記小説・言行録、遺文・書翰・遺墨集・画帳、また西南戦争に関するもの（征韓論・西南戦争・軍記・絵草紙）、さらに明治維新や近代史に関するもの等につき、でき得るだけ真摯《しんし》な解題を付して紹介している。

本書は、角川ソフィア文庫『ビギナーズ　日本の思想　西郷隆盛「南洲翁遺訓」』（平成十九年四月刊）を一部加筆・修正のうえ、改版したものです。

ビギナーズ　日本《にほん》の思想《しそう》

新版《しんぱん》　南洲《なんしゅう》翁《おう》遺《い》訓《くん》

西郷隆盛《さいごうたかもり》　猪飼隆明《いかいたかあき》＝訳・解説

平成19年 4月25日　初版発行
平成29年 7月25日　改版初版発行
平成29年 12月15日　改版再版発行

発行者●郡司 聡

発行●株式会社KADOKAWA
〒102-8177　東京都千代田区富士見2-13-3
電話 0570-002-301（ナビダイヤル）

角川文庫 20454

印刷所●株式会社暁印刷　製本所●株式会社ビルディング・ブックセンター

表紙画●和田三造

ISBN978-4-04-400257-2　C0123

角川文庫発刊に際して

角川源義

第二次世界大戦の敗北は、軍事力の敗北であった以上に、私たちの若い文化力の敗退であった。私たちの文化が戦争に対して如何に無力であり、単なるあだ花に過ぎなかったかを、私たちは身を以て体験し痛感した。西洋近代文化の摂取にとって、明治以後八十年の歳月は決して短かすぎたとは言えない。にもかかわらず、近代文化の伝統を確立し、自由な批判と柔軟な良識に富む文化層として自らを形成することに私たちは失敗して来た。そしてこれは、各層への文化の普及滲透を任務とする出版人の責任でもあった。

一九四五年以来、私たちは再び振出しに戻り、第一歩から踏み出すことを余儀なくされた。これは大きな不幸ではあるが、反面、これまでの混沌・未熟・歪曲の中にあった我が国の文化に秩序と確たる基礎を齎らすためには絶好の機会でもある。角川書店は、このような祖国の文化的危機にあたり、微力をも顧みず再建の礎石たるべき抱負と決意とをもって出発したが、ここに創立以来の念願を果すべく角川文庫を発刊する。これまで刊行されたあらゆる全集叢書文庫類の長所と短所とを検討し、古今東西の不朽の典籍を、良心的編集のもとに、廉価に、そして書架にふさわしい美本として、多くのひとびとに提供しようとする。しかし私たちは徒らに百科全書的な知識のジレッタントを作ることを目的とせず、あくまで祖国の文化に秩序と再建への道を示し、この文庫を角川書店の栄ある事業として、今後永久に継続発展せしめ、学芸と教養との殿堂として大成せんことを期したい。多くの読書子の愛情ある忠言と支持とによって、この希望と抱負とを完遂せしめられんことを願う。

一九四九年五月三日